写作全技术

［日］斋藤孝 著

程 亮 译

江西人民出版社

前　言

　　从前，人们认为只需要在上学时培养"写作能力"就足够了。

　　换句话说，大家觉得只要具备了在学生时期掌握的能力，就足以应付踏入社会后的需求。

　　因此长期以来，人们普遍认为除了英语、财会等专业性较强的能力之外，商务人士最应该具备的能力是能够顺利交谈的"交流能力"和解决众多事务的"事务处理能力"。

　　在大家眼里，这两种能力尤为重要，而"写作能力"的重要性则不如前两项。

　　然而，在当代社会，这样的想法已经过时了。

　　当然，并不是说"交流能力"和"事务处理能力"的重要性有所减弱。实际上，社会对这两种能力的要求比以前更高了。

"写作能力"的重要性也有了飞跃性的提升,已可同上述两种能力相提并论,甚至更胜一筹。

那么,为何"写作能力"变得如此重要了呢?
理由很简单,是因为商务人士不得不写作的情况远比以前多了。
可以说,"写作能力"能够决定工作的成败,甚至会关系到一个人能否在职场中飞黄腾达。

如今的商务领域,只靠上学时掌握的"写作能力"是绝对应付不来的。长此下去,你会在不知不觉间成为旁人眼里不会工作的人,甚至可能被列入裁员候选名单。
因此,当你踏入社会以后,更有必要继续提高"写作能力"。
之所以需要正确写出大量的文章,原因就在于信息化社会的发展,尤其是在互联网高速发展的影响下,商务人士需要写作的场合较之从前有了飞跃性的增多。
例如,电子邮件是当代社会最重要的联络手段。利用邮件交流,能够实现实时沟通。
从能够留下记录的角度来讲,邮件也是极其重要的工具。利用邮件在事后进行确认,能够有效地减少发送方和接收方之间的误解。

所以说，邮件非常实用。有时一天内收发的邮件数量会多达几十封。邮件早已成为商务场合中不可或缺的最重要的工具。

于是，写文章便成了日常行为，而**以前那些即使文章写得不好也能应付过去的人，现在就会因为完不成工作而逐渐掉队了**。

那么，写商务邮件的能力与完成工作的能力，究竟有多大程度的关系呢？下面我就来具体说明。

人在对事物做出判断的时候，需要参考相关的信息。

比如预约，双方需要互相传达很多信息。具体的会面时间自不用说，还要在准确传达约见目的的基础上，确定届时需要准备的物品。若是初次见面，还须明确见面的形式。

如果双方仅通过一两次邮件往来，就能敲定这些细节，那么基本上可以说，他们是很会写作的人。

而有些人，往往需要发五六封邮件才能确定，沟通起来很累。这样的人往往会得到"工作能力低下"的评价。

实际上，每个人的商务邮件的内容的准确度是不同的，并且有很大的差距。我每天都要收发大量的邮件，所以能够一眼看出不同邮件的准确度的差距。

越是准确度低的人，往往越是意识不到自己的商务写作能力处于什么水平。

我所见过的商务邮件中，经常会出现的错误模式是缺少条件和必要事项。

例如，曾经有人请求我接受采访，他发来的邮件的行文足够正式，该用的问候语一个也不少。可是文章中自始至终充斥着情绪化的文字，只是写了"希望您能答应这次的采访"，完全没有提及日程安排等硬性条件。

在这种情况下，为了判断是否应该接受采访，我就不得不针对详细的条件和主要事项来向对方提问。然而毕竟是对方在请求我接受采访，而不是我有求于对方，所以我并非一定要做到这种程度不可。

进一步说，面对这样的情况，我是不大敢接受委托的，不然以后就得面对大量这样的邮件，那岂不是会占用我大量的时间？所以，我最后的决定很可能是拒绝对方。

商务邮件的写作能力是极其重要的基本技能，是否具备这种技能关乎到工作能否成立。可实际上，几乎没有人接受过商务邮件写法的正式教学。

我们在学校中学到的，不过是读后感或作文的写法罢了。我们明明只接受过如此浅薄的教育，却不得不在踏入社会以后，立刻就能写出规范、出色的商务文书。

话虽如此，并不是说找一本讲解商务文书写法的书来看看就一定能掌握这个技能，因为那类书中尽是些模式化的用语，比如不同场合的问候语，等等。

当然，问候语等常规性的知识自有其存在的必要，但也并不是最重要的。

最重要的是能写出理解本质、恰到好处的文章。

我认为这才是"写作能力"。像这样的"写作能力"，才是有助于写出邮件、企划方案、演讲资料等一切商务文书的最重要的能力。

那么，怎样才能提高"写作能力"呢？本书将为你揭开全部的奥秘。

本书的结构如下：

首先说明商务人士更应该掌握"写作能力"的理由，以及商务人士需要掌握的"写作能力"究竟是什么。

第 2 章详细介绍用于锻炼基础"写作能力"的有效方法。

第 3 章讲解决定工作成败的各类商务文书的具体写法。读到这里，应该就能在商务场合做到游刃有余了。

第 4 章传授作文高手需要掌握的更高级的技巧，即"写作能力"的不传之秘。

第 5 章介绍"读、写、说"高手需要掌握的技巧。这三种能力各不相同，却互有关联，通过有效将其联系起来，能使效果增强数倍。若在读过系列第一部《超级阅读术》和第二部《大人的沟通全技术》之后，再来阅读本章，将有更多收获。

在末章，将会介绍我本人在锻炼"写作能力"的过程中展卷获益的书籍，说明每一本书令我深受触动的理由，解释如何阅读才能锻炼"写作能力"。读完所有这些书籍，你的"写作能力"一定能达到不逊色于任何人的水准。

本书毫无保留地公开了我本人磨炼、积累至今的"写作能力"的所有秘密。

请务必通过本书学习各种技巧，成为商务文书的写作高手。

目　录

前言　1

第1章　商务人士需要掌握"写作能力"的理由

优秀的商务文书有助于构建稳固的人际关系　3
掌握与商务人士身份相符的措辞的重要性　6
当代商务人士需要具备的"说写两用力"　8
用"写作一样的说话能力"成为演讲高手　11
写作是锻炼思考力的最佳手段　13
提升写作能力的"擅长模式"和"自我风格"　16
要在文章中体现出作者的人格　19
写作时要有当事人意识　21
让读者感受到当事人意识的文章的写法　24

第2章　改变写法，就能改变活法

人类是通过获得"写作能力"实现飞跃性进步的　29
"写"是比"说"更加公众的行为　31

通过总结口语训练书面语　　33

将文章比作建筑物　　35

借助电脑和互联网，大幅提升"写作能力"　　37

把文字输入电脑，使之成为创意的聚集地　　39

文章必须含有"发现"和"新视角"　　42

通过随笔培养"发现提出力"　　46

如此锻炼"文脉连贯能力"　　48

首先应该掌握写10页稿纸的写作能力　　50

创意秘诀　　53

先确定文章的结尾，然后决定标题　　55

用三段论法写文章　　58

第3章　写作能力决定工作的成败

商界所必备的写作技巧　　63

在文章中同时表达主要事项和人格的方法　　66

道歉信的写法足以体现"写作能力"　　68

只要正确地道歉，危险就能变成机遇　　70

通过"热修改"，力争成为商务邮件高手　　73

商务场合要求透明度高的文章的写作能力　　76

透明度高的文章指的是什么样的文章　　79

如何提高商务邮件的透明度　　81

应答速度能够体现诚意　　83

高级邮件术①　发送第一封邮件时　　85

高级邮件术②　叹号和长文的用法　　89

高级邮件术③　察觉危险并拒绝的技巧　　92

文章在工作交接时的重要性　95
写"文章"与写"文书"的区别　98
企划方案的价值由倾注其中的精力决定　101
"推敲"不是企划方案所必需的　104
如何制作企划方案的原案　106
制作会签文件的关键在于模式　108
会签文件需要的是流畅和有说服力　110
制作报告的一大要点是抓住感觉　113
如何写应聘申请表　115
在应聘申请表中表现积极性和灵活性　118

第4章　成为作文高手

反复思考写作目的　123
恰当回应对方要求的技巧　127
首先应该提高词汇能力和意义含有率　131
商务人士的基本读物是报纸和书籍　134
提升写作能力的训练——最大限度地活用报纸　136
通过独自辩证法，加深关于写作的思考　138
掌握独自辩证法式的思维，成为看穿本质的人　141
内容平庸很可耻，泛泛之论无意义　143
引用能带来"赚到了"的感觉　146
成为谈判文章的高手①　三个基本要点　149
成为谈判文章的高手②　重视换行和数据　154
确立文风①　文风为何重要　157
确立文风②　通过文风表明立场　159

确立文风③　凸显立场的身体性　161
管理时间①　掌握时间的用法　164
管理时间②　最大限度地活用记事本　166
管理时间③　对时间的用法抱有迫切感　169

第5章　成为"读、写、说"高手

"读""写""说"都很重要的理由　173
掌握"听话力"　175
"写作能力"的根本在于"阅读能力"　178
先"说"再"写"更轻松　180
像呼吸般读书　182
掌握关系到产出的阅读方法　185
如何掌握以写作为目的的读书技巧　188
收放自如的读书　190
在有限时间内阅读的技巧　192
展开关键词的网，为写作而读书　194

末　章　助我练成"写作能力"的书

01　《反复无常的机器人》　星新一　著　201
02　《伊索寓言》　202
03　《武士的家训》　204
04　《论文的写法》　清水几太郎　著　207
05　《达·芬奇笔记》　莱昂纳多·达·芬奇　著　208
06　《达·芬奇手稿与素描》　H.安娜·苏　编　208
07　《一日一善》　托尔斯泰　著　211

08 《新编课堂作文》 丰田正子 著　213

09 《樱桃小丸子》 樱桃子 著　216

10 《龙马的信》 宫地佐一郎 著　218

11 《古事记》　220

12 《枕草子》 清少纳言 著　221

13 《徒然草》 兼好法师 著　223

14 《奥之细道》 松尾芭蕉 著　225

15 《芭蕉入门》 井本农一 著　225

16 《青年数学家的美国》 藤原正彦 著　227

17 《罗素论幸福》 伯特兰·罗素 著　229

18 《常常考到的英语名段》 原仙作 著，中原道喜 补订　231

19 《谈谈方法》 笛卡儿 著　233

20 《怪谈之牡丹灯笼》 三游亭圆朝 著　238

21 《田野调查·被遗忘的村落》 宫本常一 著　239

22 《远野物语》 柳田国男 著　239

23 《冰川清话》 胜海舟 著　241

24 圣经《新约》　243

25 《小野啊》 内田百閒 著　245

26 《金阁寺》 三岛由纪夫 著　247

27 《罗生门/蜘蛛丝/杜子春》 芥川龙之介 著　250

28 《富岳百景/奔跑吧！梅勒斯》 太宰治 著　251

29 《日本文化私观——坂口安吾随笔选》 坂口安吾 著　254

30 《文章读本》 谷崎润一郎 著　255

11

31 《样样干》 查尔斯·布考斯基（Charles Bukowski）著　256

32 《畅销小说的写法》(*How to write best selling fiction*)
   迪恩·R.孔茨（Dean Ray Koontz）著　257

33 《文盲》 雅歌塔·克里斯多夫 著　259

34 《玛雅·阿兹特克文化之旅系列》 芝崎美幸 著　261

35 《君主论》 马基雅维利 著　262

36 《查拉图斯特拉如是说》 尼采 著　264

后　记　267
出版后记　270

第 1 章

商务人士需要掌握
"写作能力"的理由

优秀的商务文书有助于构建稳固的人际关系

要想掌握商务文书的写作能力，首先要认识到"文章关乎构建人际关系"。

应该避免写会导致关系恶化的文章，这一点自不用说。

因一句话而决定以后的关系这种事，想必每个人都经历过。例如，一旦说了得罪对方的话，之后的协商就无法顺利进行。

因为文章可以留存，所以其影响力大于说话。你写下的第一句话，将决定对方对你的印象，而这个第一印象往往会给以后的工作进展带来重大影响。

写一句恰到好处的问候并不难，却能给对方留下极佳的印象，如此即可与之前毫无往来的人建立良好的关系，确保工作顺利进展。这样的例子屡见不鲜。

反之，如果第一份文书写得很失败，以后再想构筑和对方的信赖关系就会很辛苦。有这样经历的人也很多。

我们把这样的失败控制在最低限度，比如，通过第一封邮件顺利架起沟通的桥梁。然后提出具体方案，得到对方的认可，进一步加深关系并赢得信赖。最后再次写邮件表达感谢，开启下一次合作……这样的业务流程是比较理想的。

因此，对于当代商务人士而言，最重要的就是深刻认识到写作能力对于人际关系的重要性。

在学生时期，无论是写作文还是读后感，我们大概都没有意识到"文章会关乎构建人际关系"这一事实。然而步入社会以后，我们就必须对此有深刻的认识。

换句话说，**我们必须掌握"用文章打动人心的能力"**。

准确传达要事是大前提，在此基础上要力争写出动人的文章。只有打动人心，令对方采取符合你意愿的行动，才能称得上真正掌握了能活用在工作中的"写作能力"。

那么，真正能够打动人心的文章是什么样的呢？

关键在于是否有"温度"。

从根本上讲，人是感性的生物。因此，**我们写出的文章必须带有身为人类所应有的温度和热情，或是能让对方感受到在为他着想的心意。**

准确传达要事是大前提，在此基础上，只有写出"带有感情"的文章，才能让对方在条件相同的情况下，优先选择与你合作。

比方说，在本次合作结束时，若能向对方发送表达谢意的邮件，就能让对方觉得你很会做人，那么下次如果再有合作机会，双方联系起来就会很方便。

能否实现这样的邮件沟通，是身为商务人士能否得到好评的决定性因素。

掌握与商务人士身份相符的措辞的重要性

商务人士有其应有的表达方式,掌握与此身份相符的措辞也很重要。

有一个始自 2008 年的奖项,名叫"年度最佳团队奖"。该奖项综合评定"团队成绩""组织力""团队内外的满意度"这三项要素,不限国家,对于创造出在社会性、经济性等方面获得优异成绩和评价的产品或服务的团队予以表彰。我目前在担任该奖项的主评委。

获得 2015 年最优秀奖的是日本橄榄球代表队,队伍中的广濑俊朗选手和大野均选手出席了表彰仪式。当时我强烈地感觉到,**他们不仅是出色的运动员,更具备了商务人士所应有的素质。**

在观看电视里五郎丸步选手的采访时,我也有这种感觉。这些日本橄榄球代表队的成员,无论面对怎样的提问,都能做出与其身份相符的沉稳冷静的回答。

当然，这样的素质也是在橄榄球这一需要团队合作的竞技比赛中锻炼出来的，但除此之外，我认为还有一个理由，那就是他们**具备了身为商务人士的自觉，以及作为商务人士所锻炼出来的语言能力**。

他们对人际关系有着准确的理解，并且牢牢掌握了及时做出恰当言行的能力。

也就是说，他们的说、写的基础能力（整体语言能力）相当扎实。这一点真的很重要。

尽管一个人有良好的沟通能力不能代表他也有高超的写作能力，但是知道如何准确表达的人，其说话能力往往也会在写作中得到体现，即使是口语化的文风，也很有可能写出规整、漂亮的文章。

也就是说，**作为商务人士，得体的谈吐与巧妙的笔法是互相关联的**。

当代商务人士需要具备的"说写两用力"

对于我们而言,说话能力和写作能力未必等同。

因为在日常对话中,我们并不需要使用太多的词汇,所以让口若悬河的人去写文章,可能反倒写不出来。反之,许多小说家都能写出华丽优美的文章,可一旦登上演讲台,不少人连话也说不利索。也就是说,在实际工作中,说话能力和写作能力很难实现有机结合。

不过,**作为现代的商务人士,我们还是需要尽量消除这种偏差,获得"说写两用力"**。况且,掌握说话能力和写作能力其中一种的人,要掌握另一种并不困难。

在当今时代,并不是说通过流利的言谈引导对方同意合作工作就结束了。谈话结束后,为了防止将来发生纠纷,经常需要以文字的形式留存备份。

空口白话的协商原本就容易引发双方的误解、认识的差异,以及记忆的不同等问题。因此,可以留为证据的邮件就成了最重要的商务工具,其应用也十分广泛。

现在的商务往来,已经不再像以前那样只依靠销售术语就能完成。从事销售工作的人,即使已经同客户建立关系,也必须妥善整理谈话内容,并向对方发送确认邮件。

我认识的一个销售员,每次洽谈结束之后,都会把双方商谈的主要内容总结成邮件发给对方,供双方确认。

这样的邮件不应只有单纯的问候,还要概括谈话内容,厘清条目,以供对方确认。

洽谈时,也应像坐飞机时的再确认(重新确认预约)一样,以"这样可以吗?可以吗?"的形式逐步确认,确保双方的认识没有偏差。

那么,怎样做才能掌握"说写两用力"呢?

一种训练方法是在说话时一直保持"写"的意识。我自己也做过这种训练,就是尽量以接近书面语的形式来说话。

具体来说,就像用磁带录音机录音一样,以"因为○○是△△(逗号)所以能得出××的结论(句号)"的形式,像写文章一样录入对话,然后再边听边写出来。

经过如此反复练习,在谈话时就能做到"还没开始讲便已想好后面要讲什么",将谈话内容写成文章时的赘笔就会越来越少。进而,很多事情都能做到恰到好处,比如准确传达意图、正确使用词汇和语法,等等。

做到这些以后再尝试写文章,你就会发现自己的写作速度变得非常快。

也有人认为,口语和书面语是完全不同的两种东西。然而实际上,二者在深层次上是互有关联的。

通过这项训练,在写文章的过程中,也会像与别人谈话一样,以"因为○○是△△(逗号)所以可认为那是××(句号)"的形式,在脑海中迅速浮现出文章来。

然后,只要将之写成文字即可。如此一来,就能大幅提升写作速度。

用"写作一样的说话能力"成为演讲高手

锻炼写作一样的说话能力有一大好处，就是讲话时会做到流利干脆，避免支吾不清。掌握了写作能力，说话就会变得准确而流畅，不说与主题无关的话。

能够最大限度发挥这种能力的就是做演讲。

做演讲的时候，没有人会毫无准备就直接开始，一定会事先做笔记，将讲话内容总结成文稿，牢牢记住，正式演讲时再当众讲出来。

事先准备的文章写得好不好，是决定演讲成败的关键。

文章里若是废话连篇，演讲也必然如此，最后只会以失败告终。也就是说，做演讲不光要有说话能力，同样也要具备写作能力。

看看美国总统的演讲就能明白。演讲台上，总统有着很强的现场感，仿佛所说的每一句话都是当场想出来的。而实际上，演讲稿是事先用一到三个月的时间写好的，并且已经过谨慎的推敲。

也就是说，演讲是否精彩，实则与事先写好的文章的品质密切相关。

当然，即使原稿已经千锤百炼，光靠死记硬背也无法打动人心。技巧也是必不可少的。

越是**重要的语句**，越是要放缓语速；在思考文章结构的过程中，要总结出要点，确定关键语句……

通过如此反复的锤炼，写在原稿中的内容就会和演讲内容融为一体。

东京2020年奥运·残奥会组委会顾问尼克·瓦利在其关于奥运会筹办的《日本是如此赢来奥运会的！——撼动世界的演讲力》一书中，讲述了一件很重要的事，即演讲的练习重复多少遍也不算多。只有通过反复练习，才能做到彻底掌握。

演讲中所说的内容，本就是事先写好的语句。

将写好的语句重复阅读无数遍，深深地刻印在自己的脑海里，再转换成仿佛是发自内心的话一样说出来，就能打动对方的心。

像这样习惯写作，通过练习写作一样的说话来锻炼自己，就能实现写作能力和说话能力的有机成长，进而思考力也能有飞跃性的提升。

写作是锻炼思考力的最佳手段

人之所以成为人、使人类得以建立全然不同于其他动物的高度文明的，正是高度的思考能力。而支撑这一高度思考能力的，则是语言的力量。

也就是说，锻炼语言的用法，是培养思考力的最佳手段。

那么，语言的用法应该如何锻炼呢？

通过对话当然也能锻炼，但是对话中不乏轻松的闲聊，还有表情、动作等言语之外的很多要素在起作用，所以严格来说，对话并不是单纯锻炼语言能力的最佳方式。

与之相对，写文章是很辛苦的，很多人花很长时间才能写出接近成稿的规范邮件。再比如写企划方案，不熟练的人也常常是写完第一行就不得不停笔了。

从某种意义上讲，这是理所当然的事。**因为写作是相当辛苦的，需要具备深刻的思考能力。**

很多时候，你可能觉得自己似乎理解了，但试着一写就会发现："哎？原来没明白啊。"

要想把模糊的想法写成条理清楚的文章，需要补充从前缺少的知识，同时深化自己的思考，并对想法进行归纳。然而，这种事并非朝夕可就。

观察学生也会发现，实际上，他们经常是通过写文章而使自己的思考逐渐深化、统一的。

看看大一学生写的报告就会发现，他们在开始动笔时并不理解的事情，往往到最后"终于明白了"。

这是因为在写作过程中，他们逐渐发现："啊，这么说的话，还有这个。那么说的话，还有这个。"可以说，这样的发现才是写作的真正的乐趣所在。

许多小说家在开始创作一部作品时，也没有完全决定故事的结局。他们往往会说："在写作过程中，因为不清楚故事究竟会如何收尾，所以会感到些许不安，但好在最后都能有个很不错的结局。"

一方面，这可能体现了作家本身的素质，而另一方面，或许也是在写作过程中，作家的想象力得到激发，便将涌上心头的语言写成文字，而一波语言又会触发下一波语言，如此不断循环……

也就是说，看着自己写下的文字，就仿佛有另一个人，或者说是不同于自己的存在在刺激自己，诱使自己不停思考，形成这样的循环。

即使是自己写下的文章，也能成为某种独立的存在，呈现在自己眼前。与之对峙，就能进一步深化思考。小说家大概就在重复这样的过程。

由此可知，在**掌握写作能力的同时，还能提升自己的思考能力**。请务必了解这一点。

提升写作能力的"擅长模式"和"自我风格"

普通的商务人士,在工作中的写作量极少有能抵得上写一本书的。即便如此,他们还是不得不在各种场合写作,比如每天的邮件、信函、企划方案,等等。

此时,拥有自己的写作模式会格外方便。

自己用这个模式能写得很快,以这种风格会写得更轻松,或是将自己擅长的句式放在最后,就能一举锁定胜局。

像这样确定了自己擅长的模式,组织文章就会变得很轻松。

就如同体操运动员想象如何落地,然后由此反推来编排表演,如在哪个部分表现何种技巧,到最后平稳落地——要以这种感觉去写文章。

例如,如果已经确定要在文中加入大约三个要点,并在文末添加谢辞的基本格式,就能从容不迫地写文章了。

在空无一物的白纸状态下写文章是很难的，但邮件开头和结尾的内容基本上都是固定的，所以只需要替换主旨部分，或是事先定好三要素，就能做到不慌不忙、从容不迫写文章了（关于"三要素"，将在后面的章节详细说明）。

我有机会指导很多人学习写作技巧，也出版了不少相关书籍。实际上，有一位读者阅读了我的一本以写作为主题的书，发现"这样做就能写书"，后来真的出版了自己的书。他为此向我道谢，令我感到非常开心。

还有人读了我的书，写作能力得以提升，因而升职加薪，也曾特地向我致谢。

据说，那位读者拥有出色的销售能力，但其所在的公司升职条件之一是写小论文，而他的小论文写得并不好，所以好多年都无法升职。后来，他购买了我写的书，又是画线标出重点，又是贴便签做记号，反复阅读了许多遍，结果在考试时取得重大突破，年收入一下子就增加了近百万日元。这是多么巨大的变化啊。

这个人的例子并不特殊。事实上，只要掌握了写作能力，就能使自己在各方面逐渐进步。

比如找工作时写的应聘申请表，要在其中填入自己的志向、此前的学习生活等事项，之后有些人能够通过资料审查，有些人则通不过。即使是同一所大学的毕业生也会有这种情况发生。

由此可见，笔试资料是否能够通过是由文章品质决定的，这一点毋庸置疑。那么，该写什么样的文章才能合格呢？

关键在于是否能在文章中表现出真实的自我。

我在很多地方让大家写小论文式的文章，我的关注点在于作者能吐露多少真心话。**表现出真实自我的人所写的文章会有"真情"流露，会让我感到"啊，这人并非只流于表面形式，而是有自我，并在文章中表现出了自我"。**掌握这样的写作能力很重要。

要在文章中体现出作者的人格

归根结底，人们阅读文章的时候，就是在读取作者的人格。

在人格上是不是可以共事的人？是不是能对事物做出深入思考的人？有没有社会性？有没有自我？是不是有趣的人？……

读者会从文章中读取这些各种各样的要素。

负责审阅应聘申请表的人事负责人也是如此。虽说这种文章很短小，字数有限，但他们仍会认真审阅。对于并未用心的文章，人事负责人当然会认为这篇文章的作者有所不足，于是将之判定为不合格。

也就是说，**模仿范文写出的文章是毫无意义的**。

读者们想看到的是作者自己的故事和思想，比如挖掘自己的内心深处，发现自己遇到什么样的事、什么样的人时有着什么样的想法，与现在有什么关联。

　　从这个意义上可以说，**不流于表面形式、在文章中灌注个人特征和特性的能力，就是商务人士所必需的写作能力。**

　　而且在当代社会，尤其是商务场合更需要体现人格。在这个时代，作为个人能否得到对方的信赖，也关乎是否能够在工作中取得更大的成果。

　　比起头脑聪明或伶牙俐齿，人格更重要。越是重要的工作，人格就显得越关键。因此可以说，当你在沟通过程中让对方觉得"这人值得信赖"的时候，更进一步的工作也就随之而来了。

　　适当地体现个人风格，从而赢得对方的信赖，仅仅依靠这样的写作能力，就能左右工作的成败。

　　要事自然是必须传达的，除此之外，还应在其中巧妙地加入自己的感情。这也是商务人士所必需的写作能力。

　　实际上，一个人能否在求职活动中脱颖而出，就要看他能在多大程度上表现出真正的自我，也就是求职热情的问题。

　　人事负责人要一边阅读海量的应聘申请表，一边估量其中所含的热忱。因此，求职的学生必须写出能够充分体现真实自我的充满力量的文章才行。这一点至关重要。

写作时要有当事人意识

我在大学里不仅负责教学生，还负责教师的录用工作。由于应聘者非常多，我无法面试所有人，所以我会让应聘者提交小论文。

比如，教育学领域的公开招募，就以"目前培养教员的课题是什么"为题，再由五位评审经过审读，从中选出面试者。读过小论文之后，在"这个人在写作时有着非常强烈的当事人意识""这个人写的事情仿佛与自己无关一样""这个人把握现实的意识很淡薄"等观点上，五位评审的意见几乎完全一致。

当然，前来应聘的人都很优秀，所以审查内容不会局限于小论文，还会察看履历、业绩等。也就是说，录用与否是经过综合审查后才决定的。但不管怎么说，**展现人格的小论文在审查中所占的比重是相当大的。**

我们会通过小论文读取一些信息。例如，这人在人格上是否值得信赖？这人在工作中会不会逃避困难？这人是不是惯于偷懒耍滑、不务正业？

当然，我们并没有见过对方，但这并不妨碍我们通过文章观察对方的人格。有些人只写自己的优点，企图耍小聪明蒙混过关，这种人一眼就会被看穿。

不仅限于录用考试的小论文，写文章向别人介绍自己时，首先必须做到的一点，就是你的回答要合乎对方的要求。不过，仅仅如此还不够。

在此基础上，还要注意：**能否怀着当事人意识直面问题是关键所在**。你若要做一件事，就必须在文章中说明自己会怎样去做。

还有，写这样的文章需要具备两种视角。

分别是"总体视角"和"个体视角"。关键就在于自己在平时的思考和行动中是否持有这两种视角。

所谓总体视角，就是根据普遍性来把握问题，决定如何应对。

为此，首先需要接触各种各样的信息，掌握普遍性的常识和知识。不过，从某种意义上讲，任何人都能写出这样的文章，只要学习就能掌握。

更重要的是"个体视角"。

**个体视角就是具体写出自己面对某个问题时，如何基于自

己的经验去处理。这种视角才能体现出这个人的本质。

写作时只有兼顾宏观视角和微观视角，才能让读者感受到作者的当事人意识，也就是"这个人把这个问题当成了自己的事情"。

由此可见，对于商务人士而言，清晰地表达出自己能够有主见地应对问题，也就是怀有当事人意识的信息，是至关重要的。请务必铭记，必须能写出清晰传达这种信息的文章。这是来自社会的严格要求。

让读者感受到当事人意识的文章的写法

能让人感受到当事人意识的文章的重要性，想必大家已经有所了解。那么接下来，我就讲讲怎样才能写出这样的文章。

要想写出能让人感受到当事人意识的文章，首先要在平时的思考中怀有当事人意识。比如自己所在的公司或行业中发生的事，无论是什么事，都要当成自己的事情去思考。这将成为最佳捷径。

话虽如此，要想迅速掌握能让人感受到当事人意识的能力，还是需要某种技巧的。**这个技巧就是加入个人的经历。**

比方说，你养狗，和你有工作往来的人也养狗。这样，通过邮件沟通完工作上的事情以后，你们可以就养狗的事情继续交流，比如狗的健康状况等。

在关于狗的聊天过程中，你就会感觉到，你和对方建立起了私人关系。

建立起这种有共鸣的私人关系之后，即使日后发生误会，彼此也能无顾忌地联系确认。另外，也方便互相委托对方办一些力所能及的事。

即使从事同样的工作，能否建立起个体对个体的关系，也将成为商务人士能否充分发挥实力的分水岭。这同写作能力也有很大关系。

具备写作能力的人，即使工作偶尔告一段落，也能像"啊，说起来，前几天在××这个地方听人提起了您的名字……"这样，大约一年联系对方一次，从而一直与对方维持自然沟通的关系。

尤其是在互相发文表示感谢的时候，如果收到非常好的文章，就会感到心灵得到了治愈，疲劳仿佛也一扫而空。

写答谢文章，有时会令人觉得很麻烦，但对于商务人士而言，礼仪是非常重要的，所以一定要在邮件中郑重致谢，哪怕只写一两句也好。

光靠实用性的东西，是无法加深人与人之间的交情的。**作为商务人士应当牢记，要把实用性和个人感情当作自己的左膀右臂，缺一不可。这是商务人士挖掘"写作能力"的第一步。**

第 2 章

改变写法，就能改变活法
——锻炼"写作能力"的基本练习

人类是通过获得"写作能力"实现飞跃性进步的

人类与动物的一大不同在于交流能力的丰富度,其中一大区别,就在于是否拥有"语言"。

当然,动物也会通过叫声或吼声向同伴发送某种信号,但它们没有语言,所以无法像人类一样交换复杂的信息。也可以说,**能否使用"语言",造成了人类与动物的不同**。

尽管说法不一,但通常认为猿获得恒定的直立行走能力,进化成人类祖先(猿人)的时期,是在距今约四百万年前。在那之后的很长一段时间里,猿人一直没有语言,始终停留在大型猿类的阶段。

开始恒定直立行走之后,又过了数十万乃至数百万年,人类的喉部因遗传性变异而发生了结构上的变化,使人类拥有了复杂发声的能力,同时大脑也高度发达,获得了"语言",即"口语"。

由于掌握了口语，人类开始飞速进化。而"文字"，即"书面语"的出现，则加快了进化的速度。

书面语的定型，至多不过是几千年前的事，但对于人类而言，文字的发明无疑是一件大事。

书籍的出现，使得一个人的思想可以传达给很多人。而且，书籍还超越了时间的限制，使得人类能够跨越时代，把宝贵的知识传给下一代人。

由此，人类才得以积累庞大的知识量，不仅实现了文明的飞速发展，还能将知识留传后世。

从这个意义上可以说，**文明的历史，就是通过写文章将新的发明和智慧传给后世，从而代代延用至今的历史。**

印刷术的发明进一步加快了这一速度。随着大量书籍的问世，比起以前手写的时代，有更多的人可以享受到文明的恩惠了。

如今迎来 21 世纪，人类掌握了互联网这一武器，正在力图实现新的进化。比如，任何人都能把自己写的文章瞬间发送给全世界。

尽管人类对于构建怎样的世界尚无明确的设想，但随着互联网的出现，写作能力变得越来越重要，早已成为毋庸置疑的事实。

"写"是比"说"更加公众的行为

在前一章,我阐述了掌握"说"和"写"兼顾的"说写两用力"的重要性。而在本章,我将首先对此进行更加深入的挖掘。

正如前文所述,回顾人类的历史可知,口语和书面语并非同时诞生的。

先是有了口语,然后才出现了书面语。孩子记忆语言的过程也是先掌握口语,然后学习文字,从而逐渐记住书面语的。

因此可以说,尽管"说"和"写"都是以语言作为基础,但二者属于全然不同的行为。

"说"这一行为没有太多负担,可以轻松进行,同时基本上算是私人行为。与之相对,"写"首先要在大脑中进行整理,而且不同于说出后当场就会消失的口语,写的内容会以文字的形式流传下来。

也就是说，**语言一旦被写出来，就会立刻变成公众的东西**。因此，写文章的时候，需要比说话时更慎重。

例如，在伙伴们融洽交谈的气氛中，即使你笑嘻嘻地说"那家伙真是个蠢货"，别人也能感受到你和那人关系匪浅，只是在开玩笑而已。

然而，换成写文章，如果不能在这句话的前后清楚地写明当时的氛围或含蓄的感觉，作者的本意就无法传达给读者，从而引起严重的误解。

这就是书面语的可怕之处，这一点必须注意。

通过总结口语训练书面语

可以说，写文章这件事的基本功能是阐明自己的体验和思考的含义。就像使用慢镜头播放影片一样，把自己的体验和思考付诸语言，固定成型。

倘若对其置之不顾，它们就会随时间流逝而消失。如果将之写成文章，过后也能重新阅读，还可以传达给其他人。

这就是书面语的力量。活用文字的持久性，使不稳定的东西确定下来，可以使其含义得到保留并扩散。

然而，不同于随着人们的成长而自然掌握的口语，书面语只有经过学习才能掌握。从这个意义上讲，平时很少写文章的人要想变成作文高手，就需要经过一定程度的训练。

我所推荐的最简单的训练方法，是一边听大学老师或电视新闻解说员有条理地讲话，一边将之记录下来，然后加以总结，重新写成文章。

有人可能以为，只要从头到尾抄录下来即可，其实并非那么简单，可以说这是两种完全不同的操作。

实际上，我曾让高中生和大学生去做这项训练，很多学生都表示："听的时候觉得完全理解了其中的含义，没想到总结成文章的时候却非常难。"

这很正常。我们可以把口语想成是只限当场消费的东西。有的人说话听不出句号在哪里，句子之间没有停顿，一口气说到底，还有的人说着说着就忘了说结论，直接换到另一个话题去了。

说起来，口语就像"混沌（本是出自希腊神话的神）"一样。即使传达的是同一件事，也会由于现场气氛和势头的不同，从而变成大相径庭的说明。而且，要想使之达到规整的程度，也是出奇地难。

然而有趣的是，只要做过几次这个训练，任何人都能抓住窍门，逐渐变得得心应手。

将文章比作建筑物

若把口语比作混沌，那么文章就是秩序。换句话说，就好比"建筑物"。首先，我们必须明确认识到这一点。

只要在这样的意识下进行思考并实际尝试写文章，任何人都能写出一定水准之上的东西。

构建文章时的流程，基本上分为以下三个步骤：

①找到想写的主题（或是发现、主张）
②由主题创造三个关键概念，即"想说的事"
③将三个关键概念联结起来，构建文章

要想掌握这一流程，写小论文、企划方案或评论等需要有逻辑且客观的文章，是非常有效的方法。

说到写文章，似乎很多人都以为，就是将空白稿纸的格子一个字一个字地填满即可。然而，事实并非如此。

或许有一些人，事先完全不考虑应该写什么，就直接坐在稿纸前，脑海中浮现出什么就写什么，文章在这一过程中逐渐成形，最后也能构成颇具可读性的文章。有些小说家就是用这种方法写出名作的。

然而，这样的人毕竟是少数。即便是小说家，多数人还是会事先制作大纲（情节梗概），然后再开始动笔。我们必须明白，事先不做准备就能一下子写出名作的人，肯定是作文数量远超常人的名家。

如果事先毫无计划就开始写，大多数人都会在中途遇阻，不得不无数次重写。

其结果就是耗费大量的时间，最后的完成度也很可能极低。

为了避免这种情况，最好还是遵循常规流程。首先，**把浮现在脑海中的想法记录下来，然后再整理、构建想写的东西。请基于笔记去写文章吧。**

有些经常写作的人也不做笔记，但其中很多人并非真的毫无准备，而是已经在大脑里完成了笔记的记录，绝非即兴创作。

即使是职业作家，也很少有人不做基础的准备工作就开始动笔。所以说，从现在开始想掌握写作能力的人，请务必铭记，制作创作笔记是第一步。

借助电脑和互联网,大幅提升"写作能力"

自从掌握了书面语这一手段,人类以之书写了数千年,而到了20世纪,人类又获得了电脑和互联网这两种新的手段,由此进一步成功地拓展了交流的宽度。随之,写作似乎也发生了质的变化。

一个字一个字地填满稿纸的格子,或是从报告用纸的第一行开始写起,都是很辛苦的作业,需要苦思冥想该怎么开头、如何结尾。一落笔,发现写得不好,又要从头重写。经过如此反复,最后才能写成一篇文章。这就是以前的"写作"。

此外,在反复推敲的情况下,由于是手写,原稿会变得一片狼藉。因此,在提交正式文书的时候,还得重新抄写一遍。若是在抄写后发现致命的错误,那就惨了,弄不好还要从头重写。

然而,自从文字处理机和电脑问世以来,事后修改或调整语序等操作就变得轻而易举了。

从这个意义上可以说，**电脑是非常适合用来强化组建文章能力的工具**。因为借助电脑，可以不浪费时间地输入文章，并在事后随时进行推敲、修改。

我自己就是从手写开始的，后来使用文字处理机，继而换成电脑，感到自己的写作能力有了飞跃性的提升。

笔记之类的东西，我现在还是用手写，而给人阅读的文章，当然会用电脑来写。好不容易有了如此便利的工具，没理由不好好利用。

如果你想进一步提升自己的写作能力，就应该积极活用电脑。

把文字输入电脑，使之成为创意的聚集地

　　我开始使用电脑之后，便感到自己能写的论文数量有了飞跃性的提升。**理由之一是写作速度接近了自己的思考速度。比起手写，打字的速度显然更快，能把思维直接转化成文字。**

　　而且，通过使用电脑，删除文字这一操作变得格外简单了。我觉得这一点也很重要。

　　要想写一篇论文，必须先网罗各种各样的素材，但在实际写的时候，却不得不把字数归纳在有限的页数之内。好不容易收集的大量素材无法全部写进文章里，因此必然有很多素材会被放弃。

　　电脑是进行这一作业的便利工具。

　　确定好了主题，打算开始创作时，人们往往想让内容尽量丰富，结果却导致文章臃肿不堪，很容易超出规定的页数。

　　如此说来，似乎只要收集最低限度的素材即可，然而实则

不然。如果从一开始就怕超出页数，而在素材的收集上偷工减料，就只能写出空洞肤浅的东西。

要想避免这种情况，**最好先尽可能多地收集素材，把它们整理成文章。写好后，只要将多余的部分删除即可。**

电脑是进行这一作业的理想工具。利用电脑的功能，可以轻松地增补或删除，还能使用复制粘贴功能，随意调整前后顺序。

除此之外，还有一大优点，那就是一开始写的文章不会白费。

即使一开始写的文章无法用于当前的论文，其中也必然会有一两个素材可用于下一篇论文。

把这样的文章保存在电脑里，到下次写论文时，就可以在此基础上进行创作了。而且还能做好准备，当前的论文写完之后，就能立刻创作下一篇论文。

也就是说，我们可以把电脑当作创意的集聚地，以后的写作主题会不断从中涌现。

打个比方，电脑堪称《人间喜剧》。《人间喜剧》是由巴尔扎克创作的一系列作品的总称，其中的每一部作品都是互有关联的，就像"作品 A 的配角会成为作品 B 的主人公，作品 B 的配角成为作品 C 的主人公"一样。

这种手法被后世称为"人物再现法"。如此越写创意就会越多，得以不断展开新的故事。运用这一手法，巴尔扎克足足写出了91部作品。

顺带一提,据我观察,许多苦于写不出论文的人,似乎都过于执着一篇论文了。一旦开始动笔,他们就会根据随时想到的内容反复添加或削减文章,从而导致论文始终写不完。

这样很难写完论文,而且也无法获得下一篇论文的主题。

一旦决定了想写的东西,就应该先把素材输入电脑,然后最好将素材制成列表的形式,做到一目了然。这样一来,就能形成良性循环,越是坚持写下去,就会有越来越多的新主题不断涌现,如此就能逐渐写出优秀的稿子了。

文章必须含有"发现"和"新视角"

"新闻报道"是我们常见的文章形式,可以说,它是一种方便作为培养基本文章力的范文的素材。

然而,新闻报道不同于专栏文章,它基本上是不带感情色彩的。并且必须在规定的字数内,写清楚事实关系、原因、结果、影响等内容,所以很容易变得枯燥乏味。

换句话说,这样的文章,谁写都一样。

像这样去写,即使文章很实用,也无法打动人心,也就无法成为"可读性强"的文章。

那么,可读性强的文章是什么样的呢?

就是含有"发现"和"新视角"的文章。换言之,关键在于文章是否含有能令读者感动的要素,是否能反映出作者的"个人认识"。

归根结底,当一个人只是单纯地想向另一个人传达某种想法时，就是此人感受、发现了某样前所未知的东西的时候。正是在这种情绪的触动下，才会萌生出写文章的想法。

比如说，你看见一幅出色的画作而深受感动时，光是给朋友打电话说"我看见了一幅好画"，或是把画拍下来发给对方，你会感到意犹未尽，还想把自己觉得是好画的理由和感动的原因写成文章给对方看，从而实现感动的共享。

一个人应以自己身边发生的事为契机，拥有新发现或新视角。认识到这一点，并与他人共享，这才是交流的原点。这很重要。

也就是说，写文章时，把只有你才知道的新信息传达给别人是最重要的。

即使没有出众的文笔，只要具备"发现"和"新视角"，一样能感动读者。

有些人总爱模仿名家，尽写些落入窠臼的文章，这种做法并不值得推荐。不具备"发现"和"新视角"的文章，再怎样拿腔作势，也无法打动人心。

当然，学习名家的文章，是古已有之的一种写作修行法，总比不学习要好。

然而，要想通过学习做到彻底掌握，需要花费大量的时间。很多时候，自己的精力容易浪费在文章的表达方式上，致使内容成了次要之物。

很遗憾，这样的人只会罗列从别人那里借用来的辞藻，所写的文章毫无内涵。尤其是商务文书，这样的文章只会起到反作用。

文章本身是可以很简单的。用属于自己的语言写出令读者有所触动的文章，希望你能以这一点作为最终目标。

我之所以如此强调"发现"和"新视角"之于写文章的重要性，是因为这个时代要求我们必须具备揭示这方面的能力。

没有哪个时代像现在一样，文章是如此地普及。**无论私人空间还是公共空间，整个社会都在文书化信息的基础上运转着，屡屡要求我们提交文章。**

这个时代对于个人写作能力的要求就是如此地急迫。

例如，商务人士在写企划方案时，倘若只是罗列数据，并不能很好地传达企划意图。只有明确提出值得瞩目的"发现"和"新视角"，才能打动别人。

如果你具备了发现它们的能力，在写企划方案的过程中，这种能力就能得到充分的发挥。

而且，这种能力得以活用的场合，并非仅限于"写"，在日常会议等场合，也是有必要的。

例如，在公司内部会议上，当你被问到"有没有什么意见或建议"的时候，如果你回答"没有"，大家就会对你失去兴趣，你身上也会被烙下"问那家伙也没用"的印记。

相反，具备发现力和能从不同角度思考问题的人，能够明确回答"我是这么想的,理由如何如何",从而打动与会者的心。

如此提出与"发现"和"新视角"相关联的新创意,你就会成为人们尊敬的对象。

通过随笔培养"发现提出力"

在大学讲课时,我曾把学生分成4人一组,布置了"思考在小学里教《论语》的好方法"这一课题。有个学生提出的方案是制作"论语纸牌"用于授课。

这个主意本身或许不足为奇,但从"使《论语》变得平易近人"这个角度来讲,实在是一个好创意。尽管世上早已存在"论语纸牌",但我认为,对于那位学生来说,这无疑是一个新的发现,提出该方案的意义可谓重大。

这样的新创意才是值得尊敬的。

当时,我号召大家鼓掌庆祝这一时刻。我期待学生们能够趁热打铁,思考有没有更新颖的方法。

不是那种改天换地般的重大发现也无妨,只要能有新的发现并将其提出,哪怕是微小的发现也可以。在交流当中,创造新的价值观和意义至关重要。

写文章同样如此。我们需要的是充满新发现、新认识的文章。

这样的文章肯定会让读者产生"啊，原来还有这种想法""我以前怎么没想到呢""那似乎很有趣"的感觉。也就是说，这样的文章能够提升读者的感性，进而激发其想象力。

那么，要想发现并提出足以吸引、感动别人的创意，应该怎么做呢？

我的建议是平时多写随笔。

就风格而言，随笔和企划方案本是截然不同的两类文章。简单来说，随笔是细腻心情的铺陈，企划方案则是不断推敲想法，最后选择提交"这个方案"。

不过在我看来，从"提出新发现"的角度来说，二者是一样的。只有心情的随笔和只有数据的企划方案，都无法打动人心。

既然好不容易学习如何写文章，你就应该以"像写随笔一样写企划方案""像写企划方案一样写随笔"为目标。

因为不管是写随笔，还是写企划方案，我都希望你能明确提出新发现或新认识，而且二者均应具备数据性和逻辑性，并传达作者的热情。

从这个意义上讲，随笔和企划方案是有所关联的。**若能写好随笔，就能写出有底气的企划方案。**

养成平时写随笔的习惯，就能培养独特的视角。

这样一来，不光写作能力会不断提高，你的事物观和思想也会随之改变，人生本身也会变得更有趣、更有意义。

如此锻炼"文脉连贯能力"

写作有两个必需的能力。一个是前文所述的提出"'发现'和'新视角'",亦可称为"获得新认知的能力";另一个是"文脉连贯能力",也可称为"文脉能力"。

例如,有些人讲起话来口若悬河、风趣十足,可是一叫他写文章,就立刻觉得大伤脑筋了。

究其原因,在于让文脉连贯的能力不足。尽管他知道许多有趣的素材,却无法加以总结,使之形成条理清楚的上下文。

要想克服这个缺点,训练是必不可少的。训练的方法有很多,其中最有效的是**边听别人讲话边做摘要,再将其连接起来,形成一篇文章**。

也就是一边和别人对话,一边做摘要,事后再看着摘要思考"这句话和这句话是怎么连接起来的",然后填补当中的空缺。例如,基于采访的书,多是如此写成的。

一开始大家都会以为这样的训练非常简单，因为自己也得讲话，所以谈话内容会很好理解。可实际上，一旦要动笔写成文章，往往就会觉得很难。

在交谈时，比起讲话的逻辑，现场的谈话氛围更受重视。因此，谈话可能改变顺序，也可能离题万里。有时候，甚至半数内容都是废话。

要想使凌乱的文脉变得规整有序，首先要求你能够做出选择，做出取舍，只挑出有意义的部分。

其次，你还要具备将有意义的部分连接起来的能力。也就是更换语句的顺序，果断删掉无用的部分，形成简洁易懂的文章。

起初可能做不好，但在反复练习的过程中，你的头脑里就能形成"连贯文脉"的思路。

这样一来就好极了。自己写文章的时候，只要充分活用这种思路即可。

切实感受到自己的"文脉能力"，把握文脉的能力就会倍增。

首先应该掌握写 10 页稿纸的写作能力

我一直认为，首先应该掌握的，是能够写 10 页稿纸（4000 字）的能力。

若把讲话比作行走，那么写作则近似于奔跑。正如没经过特殊训练也能走很长的距离一样，即使没经过特殊训练，我们也能说很长时间。

然而，长距离奔跑可就另当别论了。让不常跑步的人一下子跑 10 公里是不可能做到的。只有不断积累相应的训练，才能逐渐增加距离。

写作亦然。

依我的感觉，400 字一页的稿纸，一页就相当于一公里。也就是说，写 10 页稿纸相当于跑 10 公里。

突然被要求跑如此远的距离，只怕多数人都会畏缩不前。毕竟，不经过训练是无法跑这么远的。

但实际上，以 10 公里为目标的训练并不是很难。只要一点点增加距离，适应力强的人几周后就能跑完 10 公里，慢的人也不超过半年。

流畅地写满 10 页稿纸的训练，大概就是这种程度。

首先很重要的一点是，无论如何都要坚持跑完这 10 公里。跑完 10 公里，你就会心生自信，而有了自信，想要挑战更长距离的勇气就会涌上心头。文章也一样。能否写满 10 页稿纸，是会写文章的人与不会写文章的人之间的分水岭。

若是 3~5 页稿纸，不用训练也能写完。但要想写满 10 页稿纸，必须在动笔之前做好笔记和摘要，构建文章的整体框架。这是无法轻易办到的，所以必然需要经过一定程度的训练。

不过，只要一直写下去，任何人都能写出 10 页稿纸的文章。以前只能写满 5 页稿纸的人，也会逐渐增加到能够写满 7 页、10 页的程度。

如此一来，写更多页就成了一种乐趣。等到能写出 100 页稿纸的论文时，再去面对 30 页稿纸的论文，你就会觉得"啊，这也太短了"。

了解写满 10 页稿纸的意义的人，与不了解的人，在精神上的疲劳度是完全不同的。

从没写过 10 页稿纸的人会受到不安的困扰，他们不知道"究竟什么时候才能结束"。而哪怕只有一次曾写满 10 页稿纸的人，也能清楚自己正处在哪个阶段，这样压力至少会小一半，因此在接受训练时也不会感到十分痛苦，最后自然能写出更长的文章。

例如，某本书的字数相当于 300 页稿纸，如果一天写 10 页，写完就是 30 天。一开始的关键是不要过于在意"质"，应该把"量"当作首要目标，抱着"总之多写就行了"的心态。

首先请以 10 页稿纸，也就是 4000 字为目标。

突破了这个目标，就证明你已经掌握了写长文的基本能力，那么总有一天，你一定能写出一整本书来。

创意秘诀

写文章一开始要做的是决定"写什么"。

小说家可以自己决定主题,而一般人在写文章时,主题几乎都是由别人指定的。

话虽如此,如果你只逐条写出必要的事项,是无法感动任何人的。

要想写出吸引人的文章,有趣的素材必不可少。在不偏离主题的前提下,你需要思考在自己的文章中加入怎样的素材,才能吸引读者。

首先,请在本子上列出必要事项。无论是别人指定主题,还是自己决定主题,只要习惯以后,这一步都不难,想到什么就列举什么。

总之,就是把想到的词语一个个写在纸上。

怎么也想不出来的人,可以跟别人商量。在交谈过程中,脑海中就会不断浮现各种词语，然后只要把它们完整地记在本子上即可。

想出一些创意之后，把觉得重要的词语圈起来，这就是关键词。

这一阶段是在一定程度上汇集一些可能的关键词，接下来就是将它们分组。这样一来，就能逐渐明确什么主题比较重要。

那才是你该写的主题。

分组后，思考哪个最重要，哪个次之，哪个再次，同时用①②③进行编号。

如此一来，原本杂乱无章的词语就会逐渐形成大纲，告诉你应该怎样架构文章。

以上就是所谓的准备阶段，但准备完毕，我们还不能立刻开始动笔。

在动笔之前，先要决定"结尾"和"标题"。

先确定文章的结尾，然后决定标题

在写文章的过程中，文脉容易发生偏移。**很多时候，连作者本人也看不见终点，以至于文章最后无法收场。**

因此，应该从一开始就决定文章的结尾，也就是最后一句话。

确定了最后一句话，就能产生"只要设法把文章写到这里就能收尾"的安心感，即使文章在写作中途变得偏离主旨，也能继续写下去。

只不过，最后这句话不能太平庸，否则就没意思了。

很多人起意写文章的时候，容易自命不凡，打算用充满道德感的话来结尾。然而，那样做并不能写成有力量的文章。

假设你要针对某个项目的进展方向写一篇论文。

这时候，如果用"还是团队合作最重要"来结尾，就会显得过于普遍，无法引起读者的强烈共鸣，对方充其量只会给出一句无可非议的回应:"是啊。"

  要想避免陷入这样的结局,就必须转换视角,把"团队合作最重要"换成另一句话。

  如果你想在结论中说明团队合作的重要性,首先可以考虑从不同于平时的观点出发,将"团队合作"这一老套的词语替换掉。

  例如,上高中时参加过篮球俱乐部活动的人,可以回忆当初是如何通过团队合作赢得比赛的。

  当时团队发挥出重要作用的理由是什么?是教练在比赛前鼓励大家的话语,还是队长或头号得分手在比赛中奋力拼搏的背影,抑或是坐在替补席上全力声援的队友们?通过细致的研究,你会发现"团队合作"也有许多不同的诠释角度。

  通过如此细致的研究,就能在"团队合作"这一老套词语的前方得出更进一步的结论。这个结论充满了独属于你的独特感悟,能给读者带来新的发现。

  或者,单纯只把"团队合作"换成别的词也是有效果的。在篮球比赛中,自己与队友的呼吸恰好保持同步的状态,就像翻绳游戏中既不太强也不太弱、力度适中的绳子一样。因此,可以把"团队合作"的说法换成"翻绳游戏的感觉"。

  这种感觉,就是把乍一看似乎不同的伙伴联结起来,从而创造出新的意义。

  这样决定了文章的结尾,我们接下来再考虑标题。

标题是一篇文章的开端,它决定一篇文章能否立刻抓住读者的心,因此非常重要。

搞笑艺人们常说"对观众的吸引力很重要",文章的吸引力也同样重要。因此,如前文的例子,就可以将标题拟定为"项目成功的关键在于翻绳游戏的感觉"。

然后只要明确结论——"项目成功"和"翻绳游戏"这两个毫无关联的词语是在哪里、又是如何联系起来的,然后边解谜边写就行了。

用三段论法写文章

确定好结论,也就是文章的结尾,再确定开头的标题,接下来就该确定文章的路线了,也就是如何构成一篇连贯的文章。

这时也得用到先前制作的关键词笔记。**从中选出三个关键词,作为连接开头和结尾的途经点。**

你应该听说过"三段论法"这个词吧?这种方法是按照"大前提、小前提、结论"的顺序架构文章并做出推论的。例如,像下面这样的推论:

·大前提(人会死)

↓

·小前提(苏格拉底是人)

↓

·结论(所以苏格拉底会死)

面对这样的逻辑推导，人们最终都会接受。话虽如此，倘若论点堆砌过多，会适得其反。一来作者总结起来很辛苦，二来读者也不容易理解。

只要不是非常厉害的高手，就应该老老实实地提炼出三个论点，像放在河中的三块踏脚石一样，依次踩着它们跳到对岸。这是写文章最合适的方法。

第 3 章

写作能力决定工作的成败
——商务文书写作技巧大全

商界所必备的写作技巧

以往,写作和商业之间存在一定的距离,然而到了网络时代,随着电子邮件的普及,写作就与商业有了直接的关联。关于这一点,我在前文中已经说明。

于是,"写好文章"的技能就在如今的工作中占据了很重要的位置。写文章的水平,会影响别人对你的工作能力的评价。

那么,要想写出众口称赞的文章,应该注意哪些事情呢?尤其是在商务场合,应该怎么写?本章便将对此进行说明。

写商务文书,最重要的是要具备准确把握人际关系的能力。对方是什么立场?与自己的社会关系如何?必须在认识到这些因素的基础上,以与之相符的适当的距离感来写文章。

既然要建立在社会关系的基础上,就必须具备选择恰当的表达方式的能力。

甚至可以说，这几乎是所有场合的前提条件。必须在满足这一前提条件的基础上，才能进一步把握与对方的微妙距离感和上下关系，再去改变文风。

如果不能掌握多样的文风，就无法表现出距离感，可能会给对方留下冒失无礼的印象，甚至会得到"缺乏社会性"的评价。

这样一来，当然无法维持良好的商业关系。也就是说，**对于商务文书而言，首先必须认识到"与对方的关系"，并具备按关系区分文风的能力。**

当你思考"与对方的关系"时，**关键是要具备"我是公司代表"的意识**。也就是说，你必须将公司意向融入自己的想法中。

假如你没有这方面的认识，只靠个人判断去行动，那么在协商阶段，你的判断就可能与公司的意向出现错位，从而给合作方带来麻烦。

要想做到防患于未然，就需要平时在公司内部多交流，确保自己和公司的意向一致，然后再和外部交流。

要想确保公司内部的交流顺利无碍，必须掌握写作能力，因为在公司内部办理各种手续，如向上司确认工作时，都需要写作。

另外，同外部交流时，还必须根据对方的立场和己方的立场（即公司之间的关系）来改变写法。

例如，自己的公司是对方公司的客户，与对方的公司是自己公司的客户，这两种情况下的文风自然有所不同。

当自己的公司是对方公司的重要客户时，只要在一定程度上具备实用性、实务性的文章写法就可以。相反，当对方的公司是自己公司的重要客户时，就必须十分小心才行。

如果将己方的希望或要求过于直白地表露出来，就有可能惹恼对方而被扫地出门，所以应该采用郑重的说法，减少言语中可能存在的不敬。提出报价或方案时，也必须采用谨慎收敛的写法，或是尊重对方意向的柔和写法。

但是，不要忘记在文章中写明对方做决定所需要的信息。即使是非常有礼貌的说法，如果缺少必要的信息，导致文章不知所云，也毫无意义。

即，**商界的文章必须兼顾两点，一点是意识到双方的立场，采用柔和的说法；另一点是准确传达主要事项（要求）。**

在文章中同时表达主要事项和人格的方法

有的人害怕惹恼对方,就会把文章写得很生硬。结果往往容易让对方敬而远之,因为对方会觉得"这人太死板了,即使合作,以后也容易出麻烦"。

要想避免这种情况发生,**需要在文章中委婉地体现出自己的个性(人格)**。

当然,正如前文所述,作为与合作伙伴开始交流的最初阶段,首先需要在文章中明确体现出自己对于己方与对方的关系的认识。

可以通过在正文前面加入问候的形式来体现。不过,仅仅如此是不够的。

例如,写给公司外部或客户的文书,难免容易显得过度客气或冷淡。在这种情况下,要想建立良好的关系,就需要在文章中体现出自己的人格,目的是以人格为突破口,使日后的交涉更容易。

这也可以说是一种名为"交涉能力"的技能。**在意识到"不只是传达要事,还要体现人格"的前提下写文章,这种交涉力就能变成实践性的商务能力。**

优秀的商务人士,都是被合作对象信任并喜欢着的。得不到信任的人是不可能做出实绩的。

道歉信的写法足以体现"写作能力"

那么,饱含个性的文章该怎样写呢?

其实并不难,只要在写文章之前怀着真心,仔细思考对方想看什么样的文章,然后再动笔就行了。

尤其是道歉信,对于作者的为人和写作能力的要求更高。

例如,写道歉信时,要先让自己发自内心的歉意行遍全身,然后再动笔。还有,向对方致谢时,要坦率地表达感激之情……只有这样做,才能确保与对方的交流顺利进行。

我的一个合作对象也曾因自己失误造成麻烦而给我发来道歉的邮件,不过使用的似乎是固定成句,只把名字改了而已。

由于对方根本没提造成麻烦的具体问题,所以我立刻就发现了。

对方可能以为,用这种形式道歉很合乎规范,殊不知完全适得其反,反而让我觉得"啊,他并不是真心道歉"。

如果不用自己的语言表达出为何道歉，反而会被对方视为毫无诚意。

当然，道歉信中插入"万分抱歉，今后我一定多加小心，避免再犯同样的错误，还请继续多多关照"之类的固定句式，也是可以的。但还应该发自真心地反省自己的错误，并在文章中体现出来。

归根结底，写道歉信的目的在于弥补罅隙，重新建立良好稳定的关系，以使合作得以维系，所以必须谨慎选择用语。无论如何也不要企图抬高自己的立场，不然可能会引得对方不悦，导致关系愈发恶化。

只要正确地道歉，危险就能变成机遇

有句话叫"风雨过后见彩虹"。很多时候，写正确的道歉信不仅能得到对方的理解，甚至还能使双方的关系变得更好。

这是因为，现今对已经道歉的对象继续不依不饶的事情较少发生。甚至，好的道歉方式还能让对方觉得你这个人很不错。

《论语》里有句话叫"过而不改，是谓过矣"，意思是"即使犯过一次错误，只要改正就不算过错，不改正才是过错"。在我看来，这也是日本人广泛共有的一种思维方式。

只要能写好道歉信，就能把大缺点变成小毛病，有时还能变成不功不过，甚至是优点。从这个意义上可以说，这是一种性价比很高的技能。

本来，小错就是任何人都会犯的。即使想在工作中努力不犯错，也无法绝对做到。

因此，犯错后的应对速度就很重要。一旦发觉自己犯了错，就应该尽快向对方道歉。

越迟道歉，对方就越容易怀疑，觉得"他是不是在隐瞒什么"或"其实他并不觉得自己有错"，从而留下心结。

注重应对速度是所有商务文章均须具备的。不能像写小说一样花一年的时间去精雕细琢，必须在有限的时间内尽量缩小对自己公司造成不利的范围，再发自真心地写道歉信。

话虽如此，正如前文所述，你终究是作为公司代表与对方打交道的，所以不能过分表现自己，否则可能会给公司带来麻烦。

因此，首先要充分理解并时刻遵照公司的标准和意向，并在这个前提下，在文章各处渗透出自己个人的歉意。

更重要的是，要向对方明确汇报你对现状的理解。若是等到一切都水落石出之后再传达歉意，就来不及了。不要加入个人的臆测，只汇报当前已经明确的事即可。仅仅如此，对方就能松一口气。

最有效的道歉方式，是在书面总结自己对现状的理解的基础上，再带上两盒点心直接当面道歉。至于是否能够得到谅解，还要看错误的严重程度，但这样做至少体现了你的诚意。

不过，倘若对方的不满达到了近乎投诉的程度，而你已经事先预料到道歉有可能被对方抓住把柄，那就必须非常谨慎了。

这是因为，当事态进一步恶化以至于不得不打官司的时候，你道歉的事实将成为不利的证据，对方很可能会以此向你索要巨额赔偿金。

为了避免这种事情的发生，聪明的做法是事先找律师商量。

把文书交给律师来写，即使发生严重事态，也有办法应对。与彻底成为敌对关系的对手交涉时，即使有些麻烦，或是需要一笔不小的费用，最好也要委托律师或处理相关事务的专家来处理。

通过"热修确",力争成为商务邮件高手

对于如今的商务人士而言,写电子邮件早已成为日常工作。商务邮件会作为证据留存下来,所以很多人都想在邮件中尽量做到不随便说话。

这些人或多或少会写一些自己的心情,但会极力避免做出约定,确保邮件往来在安全范围之内。确实,这也是一个办法。

例如,你在电话里对合作对象说了这样的话:"我个人觉得××万元的金额肯定没问题。"这样一来,对方就会抱有期待,而当实际金额只有这个数的三分之二时,对方很可能就会感到失望,觉得"搞什么呀,之前不是说××万元没问题吗!可这才三分之二"。

你本是出于善意,才告知对方有这个可能,却反而招来了怨怼。

这与迟到时的报告是同样的道理。

当你迟到的时候，假如你觉得快的话 10 分钟内就能赶到，于是说了"我 10 分钟后就到"，可实际上，你用了 15 分钟才到，那么在已经迟到 10 分钟的基础上，你又迟到了 5 分钟，这就会给对方留下很糟糕的印象。

反之，如果你说"15 分钟后能到"，却在 10 分钟内赶到，就会给对方留下好印象，让人觉得你肯定拼尽全力了。

也就是说，善意有时会起反作用，所以最好事先打预防针。

况且，商务邮件会作为证据留存在双方的电脑里，一旦谈判破裂，对方就能提出"你方曾在某月某日说过这样的话"，从而给公司带来麻烦。这种事是不允许的。

话虽如此，若是因害怕事态如此发展而噤若寒蝉，那就无可救药了。这样的人永远也无法成长，最重要的是无法获得对方的信赖。

所以我造了一个词，叫**"热修确（热情、修正、确认）"**，我也建议学生们这样做。

首先，"热情"指的是年轻人要拿出干劲来。

只要有一个消沉的成员，整个团队的气势就会被削弱，受到负面影响。

大家在一起工作时，至少也该具备经验知识或热情活力的其中一种。新人自然缺乏经验知识，所以必须有干劲才行。因此，年轻人首先必须拥有"热情"。

然后还得会"修正"。能够听取别人的意见和建议,迅速改正错误。比如文章,如果被上司指摘,就要立刻修改后再提交。或者被前辈指出做法不对后,也要立刻按照对方指导的方法重做。

　　还有"确认",指的是不擅自做出盲目乐观的判断。发邮件之前,应该先问上司:"我现在要给对方发邮件,可以吗?"又或者发送重要邮件之前,先发给自己的上司,经过公司内部确认,然后再发给对方。这样一来,这封邮件就相当于是你和上司一起想出来的。

　　而且从长远考虑,像这样通过习惯性的抄送,使邮件在公司内部流转,还有一个优点,就是能共享各种信息。即使日后出现问题,大家也知道"啊,是那个项目",上司和同事能在一定程度上把握事态,以便请他们帮忙解决问题。

　　在我所任职的大学部门,即便是与自己没有直接关系的事情,也要通过邮件抄送给所有人。老实说,起初我只感到不胜其烦,可是后来我才明白这样做的好处。当我负责的工作有所变动,以及必须由多个相关部门一同做出判断时,正是由于事先积累了足够的信息,我才能迅速做出正确的判断。

　　将邮件抄送给所有人,在公司内部共享信息,让大家知道自己当前正在做什么。从这一点上,也可以说公司内部的"信息共享邮件"非常重要。

商务场合要求透明度高的文章的写作能力

要想让自己写出的文章能被所有人读懂，需要具备透明度高的文章的写作能力，这样才能让任何人都立刻理解文章的内容。

尤其在商务场合，叫人搞不懂在说什么的文章是最糟糕的，所以请务必掌握透明度高的文章的写作能力。

例如，在会谈场合，有些人的发言总叫人忍不住想问"那是谁说的？"或是不得不确认"时间上哪个在先"。文章同样如此。

首先应该明确时间顺序，然后在说明某人怎么做的时候，要讲清主语和谓语。

必须在文章开头的两三行里，用简洁的文字写出最关键的要点，然后再按照时间顺序，厘清事实关系，比如谁做了什么，过程如何，结果怎样。

讲一件我亲身经历的事：前几天，随着大学系统的变更，一个学生提交了一份出人意料的选课表。由于太过出人意料，老师们都很惊讶，但那份选课表并未超出规定允许的范围，所以学校只能予以认可。

不过，如果事后对此置之不理，就有可能继续造成同样的麻烦。因此，我们把过去的邮件和文章统统翻了出来，以求找到引发这一问题的根源。

我们发现，在系统变更这一信息传达的阶段，原本预想的选课模式存在漏洞。

当然，学校必须将此事广而告之，防止今后再次发生同样的问题。不过，由于事情的原委过于复杂，要是做口头公告，需要花 30 分钟甚至一个小时，而且口头传达有可能产生偏差，所以学校就找来了解当时事件的人写了一篇文章：

> 何年何月几点钟发生了系统变更，其本意如何如何，而这次某个学生提交的选课表属于意料之外的情况。如果今后类似事件仍然频发，即说明系统变更本身存在问题……

那人如此总结在了一张纸上，写得非常好。我把它交给了相关人员，同时做了口头说明，防止了事态变得更加严重。

要说这样做的好处，就在于写成文章留存下来，可以确定

事实关系。

也就是说,文章相当于一种制动装置,能以此阻止重蹈覆辙,共享并确认事实。此外还能作为证据,证明在什么时候做过什么事。

此外,要是口头说明事件的细节或背景等,还得依赖对方的理解能力和自己的说话能力,因此往往难以做到准确传达。**与之相对,花些时间仔细写成一篇透明度高的文章,就能获得更准确的传达效果。问题越难,比口头说明花更少时间解决问题的可能性就越高。**

透明度高的文章指的是什么样的文章

那么，商务文书所要求的透明度高的文章，指的是什么样的文章呢？下面我就来具体说明。

我曾在东京大学法学部学习，也阅读过相关案例。我发现，聪明的法官所写的案例真的十分简明易懂，问题出在哪里，所以如何判决，都写得一清二楚。

厘清事实关系，据此确定判断的理由。事实与判断，以及判断的理由，都被区分开来，所以文章读起来条理井然，格外清爽。

倘若换成不习惯区分事实与判断的人，在陈述事实时，就会加入自己的成见，或是出自其本人立场的观点，以至于只有模糊印象的事情也写得如同事实一般。这样一来，就使文章变得支离破碎，让人难以读懂。

要想避免这种情况，需要像"事实关系如此这般，由此可能形成三种判断。其中,我认为选择这个是最好的,理由如此这般。你意下如何?"这样,理顺文脉后再交给对方。

　　为此,正如前文所述,首先应在开头的两三行里写明要点,比如这份文书是为何而写的,事态进展如何,所以想怎么做。

　　此外还须注意,不要混用文风不同的语句。例如,在说明事实关系时,如果突然加入感性的文字,就会扰乱文脉,令读者不明白作者究竟想说什么。为了避免这种情况,最好注意以下几点:

　　·不要把事实和自己的感想混杂在一起。
　　·每个要点自成一段。
　　·空出一行,写明上述内容为事实关系。
　　·判断必须附有理由。

　　平日须勤加练习,写作时要在脑海中准确区分现状和判断,以及如此判断的理由等。

如何提高商务邮件的透明度

关于商务文书提高透明度的必要性，想必大家已经理解。对于电子邮件而言，文章的透明度也很重要。

邮件有标题栏，有些人起的标题，让人一看就知道"啊，这人口才很好"。

"关于上次的事""上次的事多谢了"之类的含糊的标题，会使这封邮件被淹没于其他邮件之中，很难找出来。而标题起得好的邮件，检索一下就能迅速找到。

此外，对于邮件的标题而言，关键词可谓意义重大。加入两三个关键词，就能使检索变得很容易。因此，**最好记住在邮件的标题中加入关键词**。

然后，在正文开头，要直截了当地写明发生了什么事，自己想做什么，想怎么做。

在商务邮件里，基本上用两三行就能把想说的事情写清楚。要注意不要写得很长，要让对方能够迅速了解事情的要点，立刻做出明确的回答。

可以说，这种能力近似于沟通能力。

与人交谈时，我们需要准确把握对方想问的事，并用简洁易懂的说法回答。如果回答得前言不搭后语，对方就会觉得"这人大概很无能"。

文章同样如此。而且写文章时，需要比交谈时更小心翼翼。

在交谈时，即使文脉有些凌乱，也会被源源不断的对话冲淡。

而**写文章时，文脉的凌乱是文字无法掩盖的，所以文脉的凌乱要比交谈时更加明显**。弄不好的话，可能会令对方心生不安，觉得"这人行不行啊"。因此，请务必先从邮件标题的写法开始勤加练习。

应答速度能够体现诚意

对于商务文书而言，有时应答速度本身就能够体现诚意。大体上可分为两种情况。

一种是向对方道谢或道歉的时候。应答得越快，越有利于建立良好的人际关系。在这种情况下，不要让对方的感情悬而不决，应该尽快应答，以安抚对方的情绪。

另一种是无法简单地做出判断，所以需要隔些时间再做答复，从而体现出诚意。

在这种情况下，最好不要像闲聊一样交流，要经过一定程度的认真思考，达到全面总结的阶段，再把邮件发给对方。

当然，告知对方邮件已收到的回应邮件是必须即时发送的。因此，当你收到对方的邮件时，可以先回应"请给我一些时间，容我仔细思考一下，在下周×日星期×向您汇报"，然后用一周时间做出谨慎的判断，再给对方答复。

在谈判场合，有时即使经过无数次邮件沟通，也迟迟无法决定。在这种情况下，可以先告知对方"我会在×日星期×再次给您发邮件"，把日期确定下来，以重整旗鼓。

在商务文书中，像这样确定天数是非常重要的。

例如，像"我会在×日之前给出结论，在此之前请做好准备"一样写明日期，是商务文书的写作原则。

如果总是拖延不决又没有回音，对方不清楚事情究竟进展如何，就会觉得你"不可相信"。因此，需要明确时间节点，在把握好时间的基础上写文章。

关于日期的写法，加上星期几，例如"×月×日星期×"，能够减少误解。如果只写"×日"，有时双方的理解会出现偏差。加上星期几，相当于双保险，更安全。这么做的时候，请留意日期和星期要准确对应。

加上"×月"也是个好习惯。事实上，双方的理解相差一个月的例子也是有的。

高级邮件术① 发送第一封邮件时

就在不久以前,还流行一股风潮,认为商务场合的首次沟通使用电子邮件是很失礼的,应该先写信,再打电话,然后再通过邮件交流具体事宜。

但现在,也有很多人选择从一开始就用邮件联系。

不过,如果只知道对方的邮件地址却没有见过面的话,尽量还是不要冒然给对方发邮件。

在这种情况下,应该像"冒昧打扰,十分抱歉。我从上司某某处得知了您的邮件地址,才发来这封邮件"一样,**说明自己是从谁那里得知邮件地址的,然后再附上诚恳郑重的文章,这样才合乎礼仪。**

与某人开始邮件交流时,最常见的模式是:找机会交换名片,再以此为契机,发送一封问候的邮件,给对方留下好印象,从而建立起"那我过后给你打电话""我们务必见上一面"

这样的关系。

这种关系可能类似于男女之间的交往。

自从邮件普及以后，男女关系第一阶段的门槛似乎就低了很多，觉得"直接见面有点儿不好意思，通过邮件交流就没问题了"的人越来越多了。

而且，在互发邮件的过程中，双方还会判断是否应该进一步发展关系。这样的关系，在邮件普及之前是不曾有过的。

商业中的关系也一样。**通过邮件往来，接近从未交易过的对象，继而发展到商务洽谈，这样一条路出现在了人们眼前。**

在多次发送邮件的过程中，还有人像"其实，我有这样那样的创意。作为贵公司的业务来考虑的话，您意下如何？"一样，在邮件中表达自己的计划。实际上，如此促成新合作的例子也变得越来越多了。

话虽如此，可不能从一开始就咄咄逼人，要在无意之中表现出来，观察对方的反应。这一点很关键。

如果对方毫无反应，你可以思考下一个计划，间隔一段合适的时间，再抱着轻松的心态，继续通过邮件试探。

如此轻巧的试探，使用邮件是最合适的。如果换成写信或打电话，即使只是轻巧的试探，也会令对方感到有负担，反倒有可能弄巧成拙。而邮件则很神奇，不至于令对方感到负担。这是邮件的一大优点。

如果对方做出了积极的回应，你就应该立刻给对方回邮件。但要注意，此时不能在字里行间单方面地强调自己的利益。**要提出对对方有利的信息或条件，这才是关键。**在付出与收获当中，要意识到能让对方有所收获的那部分。

像"如果您对这个计划感兴趣，能不能试试交给我呢"这样，表现出退后一步的姿态，对方也比较容易接受你的提议。

此外，还可以在条件上做出让步，例如"我还是个新手，按市场价格的一半支付就行"。

首先，像这样做出实在的成绩，然后只要仔细完成对方委托的工作，双方就能继续合作下去，而对方越是需要你，在条件上就越能优待你。

即使一开始需要自掏腰包，总有一天也能建立双赢的良好关系。

建立公司内部的人际关系也一样。

例如，当上司安排你做杂务时，只要不是特别过分，就算很麻烦，你也应该回答"交给我吧"。

这是在组织中得以生存的处世之道，而且即使是杂务，时间长了也能积累经验，交给你的工作的重要度就会逐渐提升。

也许你想说，"我要仅凭实力出人头地"，可这在现实中是很难实现的。

在组织里，还是得有人提携才行。

只要让上司觉得"这小子没有优先考虑自己的利益，即使做杂务也不在乎"，从而赢得上司的信赖，那么你的发挥空间就会越来越大。

从这个意义上讲，在发给上司的邮件里应该表现出"交给我吧，我很乐意"的态度。

高级邮件术② 叹号和长文的用法

为了给对方留下干劲十足的印象，或许也可以在邮件中使用叹号。

在我看来，文章也会体现"身体性"。

所谓身体性，指的是每个人所特有的身体的中心感觉或平衡感觉，进一步讲，还与精神的中心感觉或平衡感觉有关，这些都会在其本人所写的文章中有所体现。

例如，在手写的文章中，需要作者亲自动笔书写，而这样的身体性（作者的个性）就会自然而然地体现在文章中。

然而，邮件是通过输入文字写成的，所以身体性容易被削弱，这也在所难免。甚至可以说，在通常情况下，仅以传达主要事项为目的的邮件，几乎毫无身体性可言。

最近，使用图画文字的人越来越多了。在这样的背景下，可能许多人在无意识中都存在这样的欲求：希望能够弥补身体性的丧失。

这一点暂且不提,人们都希望自己发送的邮件能够充分体现出自己的个性。例如,用轻快的风格写邮件,就能给对方留下随和可亲的印象。

当然,若能开开玩笑是最好的,即使不做到那样的程度,只要能体现出自己的干劲,也就足够了。这时可以使用叹号。

在你精疲力尽的时候,如果上司突然安排给你一项苦差事,你的神情会难以避免地表现出"讨厌"的情绪,从打电话的声音也能听出来。

然而,如果是用邮件交流,你就算再怎么不悦,也能写出"我很乐意!"这样的句子。**似乎可以说,难以从中看出真心话,也是邮件的一个优点。**

大半夜收到内容强人所难的邮件时,你也可以试着回复"谢谢!"。

如果是必须有人做的工作,不妨以"我很乐意!"的态度接受下来,这样显得自己做事干脆利落,也能打开出人头地的大门。

另外,虽说邮件是以传达要事的短文为主,但**有时使用书信般的长文,效果也很不错。**

例如,和朋友联系时,也可以不用"最近怎么样?一切可好?"这样的短文,不妨写一些长文,比如自己最近看电影后的感想,或是对于某本书的评论等,发送一下能够给对方提供参考的文章。

又或者,对于在工作碰头会上结识的人,你可以把自己的感想总结成较长的文章,当天发给对方。

例如,对于会面时曾经提及的书籍或报道,以"可供参考"的程度稍作介绍,是不会给对方造成不快的,反而能够留下好印象,令对方佩服你竟然如此有心。

这种书信般的邮件,会给对方以新鲜感,因而久久难忘。如果你想和遇见的人建立更好的关系,不妨尝试发送书信般的邮件吧。

高级邮件术③　察觉危险并拒绝的技巧

前文已经说过，邮件是适合进行轻松试探的工具，但反过来说，这也意味着会有很多试探不请自来。

我就经常收到各种各样的工作试探，其中令我感到"危险"的邮件也不在少数。

"这个试探不是公司发出的，而是此人的自作主张，我即使同意合作，可能也得不到等价的回报。"

"说这种话的人，似乎没有正确理解我的工作范畴。若是轻易答应，以后恐怕会被卷入麻烦。"

令我产生类似预感的邮件如雪片般纷纷而至。而遇到这种情况的人，肯定不止我一个，应该有很多人都曾收到透着危险气息的邮件。

从这个意义上讲，我们必须掌握足够的分辨能力，即所谓的"邮件嗅觉""察觉危险的能力"。

反过来说，当你给别人发邮件试探时，就必须确保邮件不会散发出危险气息，不会被对方嫌弃。

基本原则是，在正确理解对方的基础上，用心写出投其所好的文章，比如不要使用对方讨厌的词语。

如果双方是相同领域的同行，即使大量使用专业术语也完全无妨，有时反而能够迅速商定合作。然而，这并不是对任何人都通用的。

有些人就很讨厌专业术语。

在我打交道的教育相关人士中，就有人极其讨厌加入了商业用语的文章。由此可见，要根据收件人来慎重决定单词的选用及措辞。这一点至关重要。

如果已经能够察觉危险的邮件，接下来还须慎重决定是否应该拒绝。

因为无论多么冷冰冰的事务性邮件里，都会混有非常重要的邮件。

有些邮件乍一看像是试探，你可能会毫不犹豫地将其拒之门外，但实际上，那也许是对方经过长年深思熟虑后得出的非常重要的计划。如果不假思索就断然拒绝，对方的感情会受到伤害，可能灰心丧气，也可能火冒三丈。

即使对方不失礼节地回复"抱歉做出了这样的提议，失礼了"，以后也不会委托给你任何工作了。

这样一来，即使你日后觉得"这件事要是一开始说清楚就好了"，也悔之晚矣。正因如此，**我们必须谨慎地读取对方隐藏在文字背后的意图，拒绝时也应该小心谨慎。**

使用简洁明了的文章，是邮件交流的基本原则。也正因如此，每个词语所蕴含的微妙感觉很难准确传达。用于交谈时毫无问题的词语，写入文章却往往会伤害对方的感情。

从这个意义上讲，**通过邮件交流可谓如履薄冰**。有时候，自己根本没意识到已经踏破冰面，还继续采用一贯的交流方式，如此自然会造成无可挽回的后果。

正因如此，我们必须谨慎地读取对方隐藏在文字背后的意图，拒绝时也应该多加小心。

而且一旦失败，不仅会失去对方提供的工作，还可能流出"那家伙非常傲慢"的传言，让他人对你的评价一落千丈。

通过邮件拒绝对方时，请务必牢记评价风险的存在。

文章在工作交接时的重要性

例如，一个业务员与客户建立起了私下的信赖关系，可是当他因工作调动而离开原岗位，由另一个人接替的时候，原来的关系很可能就会一下子断裂。

百货商店也一样，如果柜台的营业员换人了，有些顾客就不会再去了，这种事情经常发生。在商务场合，如果对接部门的负责人换人了，往往就会令人产生"好像跟那家公司再无瓜葛了"的感觉。

为了避免这种情况，**应该预先安排好时间，在交接工作的同时留下文书。这一点很重要。**

例如，在交接工作时，应该保存好以前交流过的邮件，与接任的同事共享信息，告知对方"与客户交流时曾发生过这样的事"。

本来，日本人就非常不重视工作的交接，只会形式化地告知"按照这样的程序工作即可",然后就迫不及待般地赶赴新的工作岗位了。我认为,这恰恰证明了日本人对工作的轻视。

工作中的经验知识非常重要。将经验知识传达清楚,才是真正的交接。对于商务人士而言,不留下经验知识就走人的工作方式是不行的。那样相当于告诉大家,自己只做了不需要经验知识的表面化的工作。

假设客户与调动前的负责人一边共享各种经验,一边顺利地完成工作。如果新来的人没有任何相关经验,客户就会担心一切又得从零开始,可能会因为觉得麻烦而停止与该公司的交易。

作家会因更换责任编辑而感到不悦,从而不再与该出版社合作的例子也是实际存在的。

不过,这并不能断定为作家任性妄为,可能作家有不想更换责任编辑的理由。如果无论如何都必须调动的话,应该表现出充满诚意的应对姿态,并抽出时间完成经验知识的传接。

当你是接任者的时候,这件事也非常重要。告知客户"我从之前的负责人那里听说了这样一件事""也就是说,你们以前是这样交流的,对吧",能赢得很牢固的信赖。

说句题外话,在日本的首相轮换的时候,我能从中强烈地感受到交接的重要性。

新任者真的继承了前任首相的经验知识吗?

在交接之前,新旧首相至少该用一周左右的时间仔细磋商，努力共享宝贵的经验知识。但我觉得，在现实中，有太多次交接看起来只是草草了事，令人怀疑他们是否真的做出了这样的努力。

工作调动和轮换期间确实很忙，但正因如此，**能够认真做好交接的商务人士，才会赢得他人的信赖。**

在商务场合，应该尽量确保前任者和继任者之间的沟通不出现偏差。这一点很重要。此外，如果前任者是因犯错而卸任的，那么继任者就应该在彻底了解整个事件的基础上，再同对方进行交流。为此，也需要在交接时写好文书保存下来。

对于公司而言，持续性至关重要。为了让客户放心，为了确保任何人接任都不会影响合作，必须以文章的形式保留交接的内容。

写"文章"与写"文书"的区别

说到商务人士需要具备的写作能力，就避不开"公司内部文书"的写作能力。对于许多人而言，很大一部分工作时间都得用在这上面。

公司内部文书有以下几类：

①上司为了传达组织的命令或指示而发给下属的文书（通知书、规定书、指示书等）

②下属为了提交报告、申请或方案而发给上司的文书（报告、申请书、提案书、会签文件、企划方案等）

③为了在组织的各职位、部门间联络或传达而发送的文书（通知、委托书、传阅书、口信等）

④作为组织记录而留存的文书（议事录、人事录、统计数据等）

其中，首先应该掌握的是制作②"为了提交报告、申请或方案而发给上司的文书"的能力。

也就是说，这里要求的是写"文书"的能力。从根本上讲，日常所说的**"文章"**与**"文书"**的性质并不相同。

要想写出令人佩服的文章，需要相应程度的钻研，文书则不同，只要抓住形式化的要点，就能写出在很大程度上达到通用水准的文书。

即使写不好文章的人，也能写好文书。实际上，关于文书的写作方法，在互联网上搜索一番，就能找到数不尽的例文和模板，只要填入必要事项，基本上任何人都能写出通用的文书。

当然，关键是要通过这些例文和模板的使用来掌握文书写作能力。

不过，这样写出的文书只能满足最低限度的必要条件，是无法打动人心的。其结果就是，好不容易写成的文书被淹没在海量的文书当中。

既然是好不容易写好的，就应该尽量使其足以打动人心。为此，就需要掌握写文章的能力。

迄今为止，在我所写的文章里，最为人称道的是上学时用来申请奖学金的"申请书"。

当时我已结婚，经济困窘，为了边养家糊口边继续学习，无论如何都必须争取到奖学金。

于是，我写了一篇动之以情的申请书。

当然，关于自己的处境，我并没有编造，完全实话实说了，只是在不编造的前提下，最大限度地扩充了事实，强调了自身的不幸，对评委动之以情。

那篇申请书得到了周围人的高度赞赏，被称为"极具写作能力"。幸运的是，我成功地获得了奖学金，度过了那段没有收入的时期。从这个意义上可以说，是那篇申请书成就了今天的我。

我大声提倡"必须掌握写作能力"的理由便在于此。文章包含着打动人心的力量，有时足以影响自己的人生。

企划方案的价值由倾注其中的精力决定

那么接下来,我先讲讲优秀的企划方案的写法。

在一些公司里,写企划方案有固定的格式,只要输入关键词,就能写出无数份"类似企划方案的东西"。熟练以后,一天写出一二十份企划方案也不难。

然而问题在于,这些是不是有价值的东西。

企划方案的价值,并非来自写作这一行为,而是源自企划本身的成功。

无论写得多好,失败的企划都会给公司带来损失。因心血来潮的企划而造成重大损失的例子,简直不胜枚举。

那么,有望成功的企划方案是什么样的呢?

是由倾注了多少精力来决定的。

首先,把自己的各种想法简单地写在一份企划方案里,在**此基础上预估风险,并制定相应的对策,确保自己能自如应对**

来自任何方向的诘问。我们应该把精力用来制作这种有防御力的企划方案。

又或者，可以写像"哥伦布的鸡蛋"一样的企划，也就是实际上很简单，却从没有人想到过的企划。

哥伦布的鸡蛋，也是企划的基本。我认为，最好的企划方案，就是稍微动动脑筋便能发现：啊，为什么以前没有这种事呢？不用花太多钱，只要做就行了……

要想写出这样的企划方案，应该全面调动自己的思考精力，总结在一张 A4 纸上。这是制作企划方案的一大要点。

并不是说，多达一百页稿纸的企划就会获得认可。**关键是要凭借经验和知识，判断该企划是否真的品质很高，或者通过反复大量的试错，提炼出高品质的企划。这样一来，自然就能在一页 A4 纸上总结出企划的要旨了。**

在一开始，即使需要参考"企划方案的写法"之类的指导手册来写企划方案，也并非不可以。因为在这个世界上，没有谁能从一开始就写出十分优秀的企划。

不过，一旦过了初期阶段，还是应该认识到：**"企划方案与其说是写出来的，不如说是改出来的。"**关键就在于反复锤炼，反复思考，然后再做判断。

如果判断有误，写法再高明也毫无意义。即使企划方案被采用了，也只会给公司带来麻烦。

也就是说，企划方案的最终目标并不是被"采用"，而是在不给公司造成损失的前提下，取得性价比高的成果。为此，要反复思考，倾注全力去修改、锤炼。一份企划方案写好之后，必须重新思考，反复思考，不断思考，思考再思考，最后得到反复推敲后的成果。

"推敲"不是企划方案所必需的

人们常说，要想写好文章，推敲至关重要。然而，这里的推敲与企划方案的锤炼有着完全不同的含义。

所谓推敲，是指通过修改词句，使同样的内容变得更好，而企划方案的锤炼，仅仅如此是完全不够的。

写企划方案的重点不只是斟酌词句，还要全面把握执行企划时的步骤、费用、风险等因素，在此基础上反复思考该企划是否具备实现的可能，以及性价比如何。

也就是说，锤炼企划方案所要求的水准远远高于推敲。

然而，往往整个公司都没有意识到企划方案的重要性，从而做出了错误的判断。这样的例子屡见不鲜。

例如，有的公司为了尽快得到一份企划，举办了企划竞赛，单凭"似乎很有趣"这个理由，就从众多方案中选择了开销巨大、耗时费力的企划，轻易实施方案。

不用说，如此草率选出的企划，是不可能顺利推进的，并且最终往往损失惨重。

无论是企划的拟定者，还是企划的审议者，都应该认识到，不是有创新就能赢利。 在当今时代，即使是提交企划方案的人也必须具备管理者的意识。

总之，即使自己的企划通过了，也并不意味着自己赢得了好评，只有企划成功之后，才能得到认可。

作为管理者，在批准一份企划时，要怀着畏惧心，思考是否真的需要动用那么多资金，同时也要做好相应的心理准备。

如果没有畏惧之心，把责任完全推给公司，自己鲁莽行事，是无法成为一个得到认可、独当一面的商务人士的。

实际上，如果追究一个公司经营不善的根源，就会发现，该公司往往会执行多此一举的企划，或是建立了原本可有可无、结果惨遭失败的工厂。

其失败行为的出发点，应该就在于企划方案。

或许，那份企划方案表面上的写法相当高明，叫人觉得只要按照计划去做，公司就会发展壮大。

因此可以说，高明的写法反而给公司造成了更大的损失。

所以，**作为一个商务人士，不要以为企划方案只要堆砌了华丽的辞藻、能够通过就行，要果断抛弃这种只做表面功夫的想法。**

拟定企划时，应该认真收集数据，对于失败做出预估，准确把握撤离的时机，或是设定好止损的标准。这才是最重要的。

如何制作企划方案的原案

前文谈及，制作企划方案要做好心理准备，谨慎对待。最终提交的企划会伴随着紧张感。话虽如此，在练习阶段、构思阶段，最好还是多写。这是因为，**多写企划方案的原案，创意就会逐渐涌现**。

这个可以考虑，那个也可以考虑……大家都来思考企划，不断提交方案吧。

如果接到提交企划方案的命令，就先拿出尽可能多的方案，比如五份、十份。这样一来，就能发现"啊，这个没见过""啊，这个也许不错"。

然后，针对"这个也许不错"，大家构思创意，提炼出企划来。

在这种情况下，可以放轻松些，只以想出创意为目的去写即可。

换言之，就是在企划方案这张纸上进行头脑风暴。

所谓头脑风暴，指的是针对某个问题或主题，让参加者自由陈述意见，从而得到丰富创意的会议。

总之就是不否定对方的意见，让大家不断提出意见的"创意大会"。通过这样的场合，让大家提交大量的企划方案。

在这种情况下，**应该先以自由提出丰富多彩的创意为目的，把决定企划的责任放在一边。这样一来，从保守到创新的方案，我们就能接连收获精彩的想法了。**

这是制作更好的企划方案的第一步。

制作会签文件的关键在于模式

原则上，组织内的决策是通过会议进行的。然而，如果每当发生应该做判断的事就开一次会，难免要花费大量的时间和金钱。

因此，对于日常业务中需要推进的事务，大家一般会制作遵循固定格式的"会签文件"，提交给拥有决定权的上司，由对方做决定。

像会签文件这种形式化的文书，可能也有人并不擅长。然而，作为一种处世之道，这也是我们应该掌握的。

为此，最省事的办法是先参考公司内部既有的会签文件。有的公司会备有例文，如果没有，可以和上司商量，找出过去的会签文件作为参考。

只要灵活利用这些例文，就不会写出四不像的会签文件了。而且，若能加以改良，制作出适合自己的例文，即可根据需要，只替换各个条目，就制作出合适的会签文件。

可能有人觉得，这种重视模式的写法不好。实际上，我本人以前就不擅长写这种形式化的文章。

可能因为我以前身为教育学家，一直在追求有创造性的东西，所以觉得，只考虑如何套用事先准备好的模式，是写不出好文章的。

比方说，关于如何讲课，我就深信"讲课就像拍戏，应该是鲜活有生命的，一上来就套用模板并不好"。

然而有一次，我突然意识到"越是有生命的东西，越应该具备模板，这样才能达到一定程度的稳定"。

实际上，**即使是备课，若能事先做好模板，讲课也会变得效率极高且卓有成效。也就是说，我通过导入模板，成功地提升了自己的讲课技巧。**

例如，有了前文所述的会签文件的模板，就连学生也能写出在一定程度上通用的会签文件。

只要了解模板，就能使商务技巧提升一个层次，所以请务必事先有所准备。

会签文件需要的是流畅和有说服力

想必大家已经理解，会签文件是模式化的东西。

不过，既然本书以"全技术"为名，那么就再说明一些实践性的要素。

要想使已经依循模式的会签文件更上一层楼，有两点需要注意，那就是"清楚流畅"和"有说服力"。

例如，大学或研究所的研究者需要筹措科学经费等研究资金。要想获得经费，必须先申请，这样看来申请书就和会签文件很像。

它要求的不是文章的写法高明，而是要写明"研究资金是否真有必要"。如何"清楚流畅"且有"说服力"地写清楚这件事，将决定科学经费的申请能不能得到批准。

先来说明"清楚流畅"的重要性。

写会签文件时，"在什么时间之前""出于什么理由"，想要"多少""什么东西"是必不可少的。除此之外,还必须写明想要的东西的"具体名称""功能""预计金额""导入后的预期效果"等事项。

这些要素少一个,都会让会签文件失去成为审查对象的资格,因为对于审查方而言,它们的每一个都是不可或缺的信息。在审查方看来,连如此重要的要素都能遗漏,说明申请者并不是真的很需要。

因此,对于会签文件及以会签文件为标准的其他文书而言,写得清楚流畅很重要。冗余的信息越多,遗漏必要信息的可能性就越大。

反过来说,即使已经集齐了必要的要素,如果混杂在大量的冗余信息里,也和没集齐毫无分别。

若能清楚流畅地写出必要的要素,接下来的关键就是使文章"有说服力"。

在会签文件中,只有"出于什么理由"和"导入后的预期效果"这两部分不同,需要运用高明的写作手法。

要在其中掺入"迷魂汤"。

例如,说明己方讨论时间之长、参与人数之多,就能够增强说服力。此外,若能加入客观的数据更好。尤其是,如果能在列出数据的同时,表明效果对于开销来说物有所值,那就是最强大的说服力。

要具体写明"如果研究顺利,会有这些益处"。

若能写清楚这些要素，让审查员觉得"竟然这么拼，看来只能批准了"，你想要的东西就已经成为囊中之物了。

由此可见，即使是像会签文件一样的模式化短文，也能向对方传达自己的热忱（干劲），从而打动对方的心。

顺带一提，写会签文件的时候，最好将核心资料单独写在一张纸上，并尽量将主旨总结在一张 A4 纸上。

公司的预算是有限的，而且有权决定会签文件是否通过的人，肯定会收到来自公司内部的许多份会签文件。因此，会签文件能否通过，就要看它能不能战胜其他文书。

让决策者看页数很多的文书，并非上策，必须让对方快速浏览一遍就感到惊艳。

说得极端些，只要能让对方一见之下就感到佩服，其他细节大可以写成"详情请参照附件资料"。

归根结底，如果不能用第一页 A4 纸抓住审查员的心，就算准备再详细的资料，对方也只会去看主干内容。如果能用第一页纸吸引对方，对方自然会去仔细审阅附件资料。

因此，可以毫不夸张地说，胜负是由一页纸的内容决定的。

制作报告的一大要点是抓住感觉

可以说，报告是商务人士无法避开的东西。在各种商务场合，都需要提交诸如"业务报告""出差报告""研修报告"等众多报告。因此，掌握报告的写法至关重要。

首先希望你能理解的是，报告最大的目的是为组织带来利益。很多人都把写报告当作每天的例行公事、流水作业，这是大错特错的。

草草写成的报告不仅不会为企业带来利益，有时反而会将企业引向错误的方向，使企业陷入蒙受重大损失的危险之中。

企业要想实现飞跃性的发展，需要创造新的价值。因此，积蓄很重要。而每一份报告，都会成为公司的积蓄，成为新创意的种子。

不客气地讲，只会写模式化的报告的人，是无法给组织带来利益的，只是靠组织混饭吃罢了。

正因如此，即使只是写一份报告，也应该怀有为自己所在的部门谋利的意识。这一点至关重要。

例如，你要把针对商品用户的问卷调查结果总结成一份报告。

报告问卷调查结果的时候，呈现多数人的意见固然重要，但与此同时，也不要忽视少数人的意见，对于有现实意义的意见，或是值得参考的意见，要做到心里有数。这一点很重要。**此时必须记住，要"原样不动地活用问卷调查回答者的文章"。**

把问卷调查结果总结成报告的时候，需要考虑到篇幅所限，将类似的意见归纳成一条。

此时，如果使用过于普通的表达手法，就有可能失去最重要的用户的"真实感"。如此一来，就会错失事关新商品开发的重要契机。

人们的谈话之中，混杂着"气息""体温"等感觉上的东西。有的人能巧妙地抓住它们，有的人则不能。

总结报告的时候，也需要具备这种巧妙抓住感觉的能力。

很多时候，新产品开发或改良的创意，竟然都是出自一个人的真实的呼声和感觉。正因如此，我们必须重视"原样不动地活用问卷调查回答者的文章"的意识。

如何写应聘申请表

本书主要面向已工作的商务人士，而在读者当中，或许也有为将来有用而来阅读本书的学生。

考虑到他们，我想讲讲成为商务人士的第一步，即应聘申请表的写法。

所谓应聘申请表，就是在找工作时，向企业提交的表现自己的文书。最近，绝大多数企业已将应聘申请表的提交视为应聘者的义务，所以，如果提交的应聘申请表得不到好评，就无法撬开通往笔试会场的大门。

很多学生把应聘申请表的写作当成一种负担，然而在我看来，这应当是一个机会。

例如，写简历是无法撒谎的，所以没什么努力的余地，只要淡然地写出事实即可。

而应聘申请表，能在不提及学历和成绩的条件下表现自己。这样的好机会，怎能任它溜走？

在绝大多数情况下，应聘申请表是有字数限制的。要想在规定的字数里充分表现自己，必须具备良好的写作能力才行。

企业负责录用考试的主考官，要审阅成百上千份应聘申请表。所以，能否让主考官觉得"这个学生很有趣，想再听他多讲讲"是关键。

要让主考官觉得"写得很有趣""似乎很有干劲""有闪光点"，从而产生"想当面见见"的兴趣。

敷衍了事的应聘申请表，以及完全套用模板、只替换了公司名的文书，会被一眼看穿，结果自然会被拒之门外。

假如你曾骑自行车环绕日本一圈，只要写出来就能吸引人。可是，如此富于独创性的人非常罕见。

大多数人都是很普通地升学，一边参加小组活动和打工，一边度过了平平无奇的学生生活。这些人面对眼前空白的应聘申请表，往往不知道写什么才好。

那么，该怎么写呢？

首先，要写出能吸引对方的文章。显然，过于普通、平庸的想法，即使写得再多，对方也会视而不见。

最糟糕的应聘申请表，是没有写出自己的经历和想法。面对"在大学里做过什么"之类的问题，越是学生生活十分平凡的人，就越容易只是一味地陈述事实，比如"加入了音乐小组""打过网球""参加志愿者活动"……

的确，这样写既没有撒谎，也回答了问题。

可是，这样的回答是无法打动主考官的。企业不会因为你懂得音乐或打过网球而录用你。关键在于你在其中的思索和收获。

我和铃木敏文先生（Seven & I Holdings 董事长）出版谈话录《商业革新的秘诀》时，铃木先生曾如此说道：

"很多人会讲述自己上学时参加学生社团的经历，但那毫无意义。我想听的是你学到了什么。"

也就是说，你所需要的文章力，得能准确表达出自己基于体验的发现和思考。

那么接下来，我再具体讲讲优秀的应聘申请表的写法。

在应聘申请表中表现积极性和灵活性

学生生活再怎么平凡的人，也必然拥有某个闪光点。关键在于，要发现这个闪光点，再从貌似平凡的人生插曲中，确定如何选出什么事迹，以具有冲击力的形式重新表达。

例如，最近，针对自己的专业学问，能够正确回答的学生似乎越来越少了。

从录用方的角度，他们"并不想知道你在社团活动中学音乐、打网球的事，而是想仔细了解你学到了什么"。

当然，社团活动也是有意义的，并不是说完全不能接触，但是在我看来，学生更应该通过"学问"这一根本领域来老老实实地表现自己。

"进入大学，初识学问，通过彻底学习理论，改变了自己的世界观，才形成了如今的思想。因此，我渴望以此为基础，在贵公司发挥自己的能力。"

社会需要的是这样的人才。

那么，如果一个人在大学里没有好好学习，只是参加社团活动和业余活动了，该怎么办呢？

在这种情况下，关键就是要写出自己通过这些经历有何收获。

尤其要表现出自己有何改变。**因为讲述"变化"，容易引起他人的共鸣。**

但要注意，不能从头到尾都写得很抽象，不然会显得十分肤浅。

光写"我曾努力做了××"，只会得到对方的一句"这样啊"。

应该详细描述具体场景，比如"我做〇〇的时候，遇到了××这种事，学到了△△，所以才变成了如今的自己"。

另外还需注意，**不要写成检讨书。**

只写"我这样做，结果失败了，今后我一定多加小心"是不可行的。

举个例子，如果想写自己在打工过程中遭遇失败的事，就不能只写失败，还必须写出自己从中学到了什么。

比方说，假设你想写自己在便利店打工时遭到顾客投诉的事。

如果写成"有人投诉我，我今后一定多加注意"，主考官肯定不屑一顾。

但是，如果写成"从那天起，我开始写日记"或"我把自己做错的事情写下来，每天早晨大声朗读"，就能吸引主考官的目光，得到"这人能从失败中吸取教训，具备了处理失败的能力"的评价。

　　企业所要求的，是拥有多种的想法，能够灵活应对变化且积极上进的人才。因此，要在文章中表现出这些要素。

　　也就是说，关键是要让对方感到"看来可以同此人共事"。

　　没有人想和自私任性的人共事，大家都想和积极上进、善于沟通、能从多角度看待事物的人一起工作。

　　因此，写应聘申请表时，首先要表现出自己作为团队一员力所能及的事，比如有协调性、有沟通能力、能准确表达出自己的意见，等等。

　　写这样的应聘申请表，有个非常实用的技巧。

　　首先，针对应聘申请表中的提问，应该尽可能多地想出答案，并逐一写出来。最少也得写出 10 个，若有可能，应该写出 20 多个。这关系到你对自己的经历是否有足够深刻的理解。

　　然后，再写出与之相关的、迄今对你有所影响的人的语录，或是你读书后印象深刻的语句。

　　最后，将这些素材加以组合、排列、替换，写成文章。这样一来，应该就能写出内容充实、洋溢着独特思想的文章。

　　不用说，如此掌握的写作能力，进入企业以后也能成为你的一大强项。

　　最后说一句，若想充实自己的应聘申请表，你就应该活力十足地生活。书写自己认真投入过的事情，你的文字也会饱含热情。

第 4 章

成为作文高手
——高级写作技巧

反复思考写作目的

只要读完这本书前面的内容,并且加以实践,就足以写出十分合格的文章了。

也就是说,在平时的商务现场,应该不会有什么事情会给你带来困扰了。

而本章的目标是,不光是商务文书的写法要足够高明,作为一个独当一面的成年人,还要写出一流的文章。

那么,什么是一流的文章呢?

就是"打动人心的文章"。

要想写出这样的文章,**首先需要改变自己的日常品行和习惯**。只有这样,才能体会到真正的"语言的力量",才能驱使这种力量,有机地组织语言,否则不可能写出一流的文章。

这种"打动人心的文章",即"一流的文章",未必是文学性的文章。即使不堆砌华丽的辞藻,只要用最合适的"内容"和"语言"直击本质,就足以打动对方的心。

企业和社会要求商务人士所写的文章,须具备"立意佳"和"观点有趣"这两个要点,在此基础上,还要切中"安排合理""能与人形成有建设性的交流""能提出新方案""能收集并利用信息"等关键。

也就是说,需要具备"明确指出现在有什么样的问题,该怎么做,并能够自己进行修正的能力"。

我在前文中讲过很多次,在商务场合,写文章的机会非常多。

为了发展事业;为了提高宣传效果;为了与其他企业合作;为了创造社会价值;为了赢得顾客;为了扩大销路……商务文书有多种目的,但这其中的大半均在于"使利益最大化"。

话是这么说,但你若在文章中只考虑自己公司的利益,而完全没有考虑对方,对方自然会感到不快,也就不会坐下来跟你谈判了。也就是说,你必须准确把握自己公司的利益和对方的利益在哪里,然后向着双方都能接受的方向努力。

那么,**怎样才能写出双方都能接受的文章呢?**

首先,应该思考目的,确定目标。

归根结底,商务文书的写作是为了推动业务的执行,从而达成商业目的,所以需要按部就班地写。

你必须明确最终的目的地在哪里,确定到达那里的中继点，并逐一超越。

谈判需要打动人心，这一点自不用说，因此，你的最终目的是必须让对方也能接受。

例如，你想和对方的公司开始新一轮交易时，文书的最终目的必须是双方都能获利。

无论你的文章写得多么出色，如果只优先考虑自己公司的利益，谈判是不会顺利的。

绝不能以自我为中心，必须设定能令对方也高度满意的目标。一般来说，这时应该先在文章中明示目标，以使要事易于传达。

不过，在谈判时，并不是说任何场合都必须直白地说明要事，有时也应该选用委婉的表达方式。

例如，你想拒绝对方的某项委托时，如果说明理由，就会显得过于生硬。

如果今后不再来往，那就无须考虑太多，直接说明拒绝的理由即可。若是今后还想和对方继续保持良好的关系，你就必须判断是应该说出真心话，还是应该加以隐瞒。

最后，如果你决定要说明拒绝的理由，就必须在说明理由的同时，表明自己也顾及了对方的心情，比如"我原本是想尽量接下这份委托的，只是……"。也就是说，在这种情况下，应该多采用委婉的表达方式。

反之，当你决定隐瞒理由时，就不要使用含糊不清的表达方式,最好明确地拒绝对方。

在隐瞒拒绝理由的前提下,若因顾及对方的心情而不把话说清楚,会缺乏足够的说服力。这样一来,对方最后就可能决定永远不再继续合作。

恰当回应对方要求的技巧

前文已经讲过，写文章的时候，**最好总结出三个要点**。事先准备大量的论点，再从中选出三个，就能写出恰到好处的文章。

那么，在选择三个要素的时候，应该基于什么标准呢？我的标准，就是看每一个要素是否足以作为坚实的支柱，单独撑起一篇文章。

更具体地说，就是能否立起三根支柱，在其上铺建文章，就像"心技体"一样。精神、技巧、体力各不相同，但越是如此不同的三样东西，并且这些东西越有价值，就越能形成稳固的状态。

要以这种三足鼎立的感觉来写文章，这一点很重要。

比如，法国革命宣扬的三个关键词——"自由、平等、友爱"；"真、善、美"也是三个关键词。由此可见，不管什么事情，使之构成三足鼎立的结构，都是比较好的。

我自己在写文章时，也一定会先确定三个关键的要点。这样一来，就能迅速且顺利地写出规整的文章。

掌握了"总结出三个要点"的方法，写文章就会变得轻而易举，甚至一辈子都不会觉得困扰。写论文的时候，也应该先确定三段章节作为文章的骨架，然后根据需要再加以补充。

那么，接下来就讲讲我的具体思路吧。

比如前几天，一家出版社委托我填写一份问卷调查，选出战国武将中的最强者，写出一篇 600 字的文章说明理由。

最后，我选择的人物是毛利元就[1]。下面就来谈一下我当时的思考过程。

首先，说起战国最强的武将，人们通常会列出织田信长、丰臣秀吉或德川家康，因为这三人开辟了一统日本之路，所以选择他们无可厚非。

然而，这样的选择毕竟太过寻常了。出版社既然向许多人开展问卷调查，肯定是期待大家能列出各种富于个性的人物。

那么，究竟应该选谁呢？

从战绩和成就的角度来考虑，毛利元就是战国武将中很突出的人物。不仅如此，他施展谋略，让战况朝着对自己有利

---

[1] 日本战国时代雄踞"中国地方"的大名，为毛利弘元次子，幼名松寿丸。——编者注

的方向发展，如此智谋堪称日本战国武将的巅峰。这是第一根支柱。

此外，一说到元就，就不得不提那个著名的故事——"三根箭"。事实上，这个故事本身似乎并非史实，不过寻根究底，确实存在一封与此有关的信。

从结果上讲，毛利元就使这封信成为族人间的感情纽带，从而保住了毛利家的命脉，使得家族能在战国时代作为大名继续生存。

在父子厮杀、兄弟阋墙的日本战国时代，这样的故事值得大书特书。

于是，毛利家族遵循元就的遗言，始终团结一心，平安度过了江户时代，在幕末作为一大强藩崛起，最终成功推翻了江户幕府。

因此，我特意把元就统率家族的手腕，及其对于最终讨幕成功的后代的影响力，选为第二根支柱。有了这根支柱，应该就能写出有说服力的文章。

那么，最后一根支柱怎么办呢？

通过得到石见银山[2]，毛利家族奠定了日后繁荣的基础。白银在当时的贵重程度，放眼整个世界史便可略知一二。

因此，出于加入全球视角会很有趣的考虑，我选择白银作

2　位于日本岛根县大田市，是日本战国时代后期、江户时代前期最大的银矿山（现已闭山）。——编者注

为第三根支柱。

就像这样，我根据对方的要求，立起了三根支柱，在此基础上写成了一篇文章。

到三根支柱全部立起的阶段，文章似乎已经完成了一多半。至于此后的写作，尽管多少还得花些时间，但那只是实际操作，至于思考过程，在此之前几乎便已全部完成了。

这样的思考，可以不用写在纸上，快速输入智能手机的备忘录即可。这样一来，就能随时开始写文章了。

首先应该提高词汇能力和意义含有率

成为写作高手,并不是一件简单的事。

首先要摆脱学生水平的文笔,写出符合商务人士身份的文章才行。这是一个必经的阶段。

而要想顺利度过这一阶段,还必须经过另一个阶段,那就是如前一章所述,从上司或前辈那里得到可以参考的邮件或文书,通过学习弄明白"啊,原来在这种时候应该写这样的文章呀"。

也就是说,一边收集、积累例文,一边加以模仿、学习,是提高写作能力的基本。

其中,有一点需要格外注意。

可以用这种方法学习的,并非只有例文。**很多词汇也可以像这样来学习。**因为在这个世界上,显然存在"只有商务人士使用的词汇"。

进而言之，适合商务人士强化必要词汇能力的工具，是报纸。

要想掌握实用文章的写法和词汇力这两种能力，**要多阅读信息量大的文章，而报纸是最有效的方法。**

总之，请每天小声读报纸吧。如此坚持下去，你就会发现"啊，原来在如此短小的篇幅里，竟然包含了如此多的要素"。

哪怕只是带着"在如此短小的篇幅里加入这么多东西，可真不容易啊"的想法去阅读，你也能逐渐意识到文章的性价比，也就是"字数中的意义的含有率"。

对于写文章而言，"意义的含有率"是十分重要的关键。意义含有率低的文章，会令读者感到违和。

例如，如果是论文，就会令人觉得"这哪里像是论文？这种啰啰唆唆、拖泥带水的写法是怎么一回事"，更有甚者，会叫人产生"写这篇文章的人是不是脑子有病啊"的想法。

同样，意义含有率低的商务文书，会给对方留下"这人怎么稀里糊涂的""这人不是合适的生意伙伴"等印象。

因此，在写作商务文书时，首先必须格外注意，不要遗漏任何一个要素。

用电脑写作时，也应该先将要点一条条列出，然后再逐项输入。当然，这样做还构不成文章，所以接下来的工作就是使之形成文章。对于商务文书而言，文章没必要写得特别仔细。

邮件的文章不同于书信，大可以"**第一是这个，第二是这个，第三是这个"这种近似于项目表的形式去写，这很正常。倒不如说，这样会显得更高明。

首先，把所有要素都写出来，去除其中不必要的东西，再将后来想起的必要要素补充进去。在此基础上，仔细检查自己真正想说的东西是否已经列举齐全，不多也不少。如此迫近最终形态的做法很重要。

文章写完以后，直接发给对方是很危险的做法，必须重新仔细检查是否存在不妥、遗漏之处，对文章做进一步的修改。这个步骤不可或缺。

例如，作为新人的你，将自己写好的文章交给上司审阅时，常会受到"啊，这里有点不对""这里应该这样修改"等提醒。

此时，你应该表现出立刻改正并会尽快重新提交的姿态，也就是速度感。这一点至关重要。

本来，修改就是越早进行越轻松。时间过得越久，修改起来就越难。

需要修改的要点被指出时，文章刚刚完成不久，热度犹在，所以应该当场迅速完成修改。假如打算过一两周之后再仔细修改的话，到那时你可能已经记不清哪里有问题了。

有句话叫趁热打铁，文章也应该趁热完成。这样做能够省去日后的劳力。

总之，请务必铭记一点，那就是修改的时机越早越好。

商务人士的基本读物是报纸和书籍

不学习前辈的知识，是无法写文章的。

我认为，当今商务人士要想提高写作能力，报纸和新书[3]是一定要读的基本读物。

当然，若有余力，也应该阅读古籍经典。

古籍经典可以成为你一生的精神支柱，一本古籍经典的价值远超十本新书。

因此，有时哪怕花十倍的时间阅读一本古籍经典，性价比可能也很高。

不过，贸然阅读古籍经典，恐怕会很辛苦。况且，抓紧时间阅读自己专业领域的相关书籍，效果是立竿见影的。

包含各领域专业知识最密集的书种，就是新书。所以，**即**

---

[3] 这里的新书，是指日本的一个特定书种，并非中文字面意义上的"新书"。——译者注

使是乘车出行等碎片时间，也希望你能善加利用，养成阅读新书的习惯，为掌握写作能力奠定基础能力。

希望你能在不经意间突然发现，自己先前一直在阅读新书，而不是在用智能手机上网闲逛。

我认识的一位学者，在往来于东京和新潟的路上，会阅读两三本新书。乘坐新干线，使得东京和新潟之间的交通耗时极短，所以自然而然就会养成速读的习惯。

有人说，速读并不好。然而，在当代社会，可供人们自由使用的时间十分有限，因此，熟读所有应该读的书首先就是不可能的。

在这个世界上，有阅读价值的书数之不尽，人们不免会生出哈姆雷特般的心境——"速读，还是熟读，这是一个问题"。下面，我们就来简单地下个结论吧。

觉得对自己很重要的书就熟读，觉得只需把握大概内容的书就速读，以这种随时换挡的感觉，按需要切换即可。

提升写作能力的训练——最大限度地活用报纸

要想锻炼写作能力，必须让自己的周围时刻可见铅字，而报纸上就满是铅字。因此，养成每天读报纸的习惯，对于提升写作能力是极其有效的。

小声阅读是读报纸的最佳方式，但快速浏览也无妨。倒不如说，有意训练自己通过浏览迅速把握内容，还能够提升阅读能力，同时这也是一条提升写作能力的捷径。

如果你还没有订阅报纸，请从明天开始订阅，养成每天读报纸的习惯。

当你做到这一点，坚持小声阅读，能够完全理解报纸中意义的含有率之高后，请进入下一步。

所谓下一步，指的是剪选出某篇报道并添加评论。

具体来说，首先，从每天的报纸上挑出一篇最在意的报道剪下来，贴在笔记本的左页上，然后在右页写下对于该篇报道的评论。

话虽如此，右页的评论并不需要写得格外正式、周全，只要简单地写出自己选择该篇报道的理由，以及相关的意见或建议即可。光是每天坚持如此做，作为商务人士所必须掌握的写作能力就会逐渐得到提升。

既然要"从报纸上剪选出一篇最在意的报道"，就得从头到尾浏览所有报道，从中选出一篇。这样势必会接触到很多信息，所以对于掌握各种知识和词汇，以及提升写作能力的基础能力，都是有帮助的。

此外，**坚持每天选出一篇报道，也有助于重新思考自己为何会被该篇报道吸引**，从而对自己选出的报道产生感情，就能在右页上越来越得心应手地写下评论。

坚持写下去，评论的内容会逐渐变得有深度。只要持续两三个月，就能写出一些像样的、作为随笔拿到哪里都不丢人的评论。

剪选报道、添加评论的做法，听起来或许非常简单，毫不起眼，但实际上，在提升文章力这一点上，这是一种极其有效的训练方法。

我也一直在让大学生实践这种剪选方式，大约仅需两周时间，就能清楚地看见效果。

通过独自辩证法，加深关于写作的思考

所谓辩证法，是指基于"正、反、合"这一步骤的逻辑推理法。

例如，针对某一课题，先陈述作为"正"的赞成意见，然后再抛出作为"反"的反对意见，最后陈述讨论成果，即"合"。这样一来，就能深化思考，得出更高水平的结论。

我认为，写文章时也应该活用这一辩证法。也就是说，你在写一篇文章的时候，要在自己的脑海里思考"正、反、合"的步骤。

在一篇文章里写出赞成和反对，以及抛出二者之后得出的结论。建立在如此深刻思考之上的文章，自然会成为具备一定水准的文章。

事实上，该手法是用来加深思考的传统必杀技。柏拉图在《对话录》中用过，伽利略在《天文对话》中也是以对话形式

展开讨论的。

要想掌握独自辩证法，首先要在自己的脑中"以赞成和反对的立场去思考"。

要考虑到"关于这一论点，可以这样说，但反过来的话，还可以这样说"。

如此得出各种各样的意见（有时是矛盾的意见），最后自己作为调停者，将它们总结起来。

"倘若以此为着陆点，就能在留下其他选项的同时，达成可以接受的意见，不是吗？"

"关于这一点，二者的意见完全相反，但是在这一点上，二者则是一致的，不是吗？"

像这样思考共通项和下一步，反复提出解决矛盾的方案，就能跨越对立，接近结论。

能看出这种辩证式的思考结构的文章，蕴含着令人由衷信服的力量。

人们会产生"这位作者真是一个能够灵活思考的人"的感觉。

德国哲学家黑格尔说过："辩证法式的运动，是这个世界的根本原理。"归根结底，相反的理论彼此糅合，最后生出新意见的过程，是最能激动人心的。

因此，使用独自辩证法写出的文章，具有令读者深深信服的力量。

不过，比起从头到尾笔直前进的写法，使用这种独自辩证法写出的文章，其讨论总是难免起伏不定，十分曲折，所以需要注意，不要写成让人不知所云的文章。

只要改变视角，活用独自辩证法来写文章，就能有效地锻炼"文章连续能力"。

掌握独自辩证法式的思维，成为看穿本质的人

这种独自辩证法式的思考力，不仅在写文章时有用，对于经营社会生活也非常重要。

掌握了独自辩证法式的思考力的人，与没有掌握的人，有着很大的不同，其中的区别将决定一个人是只会单凭喜恶判断事物，还是能够看穿事物的本质。

我曾听闻，Seven & I Holdings 董事长铃木敏文先生会对新员工说这样的话："绝对不要忘记顾客的立场。因为你们此前都是本公司的顾客，所以不要忘记身为顾客时的立场，这是最重要的。"

人类有种习性，就是最终只会以自己当时的立场去看待事物。这一点毋庸赘言。即使明白这个道理，人们也会忘记从不同的立场去看待事物。

然而，当一个人实际步入社会以后，最需要的却正是这种

能力。许多企业均以"顾客就是上帝"为宗旨,要求员工具备从顾客的立场来审视自己所在公司的能力。不光是民营企业,公立机构对这一能力也有要求。

除此之外,身处销售岗位的人若能秉持"虽然我是销售方,但我尝试从顾客的角度来分析商场的情况""我要以顾客的视角重新审视待客之道""该考虑价格是否合适"等姿态,就能赢得组织的重视。

换句话说,**这是一个要求每个人均须具备多个视角的时代**。

若能通过独自辩证法深化思考,就能灵活应对看似对立的情况,从而与周围和谐共处,最终拥有带领大家朝着有建设性的方向前进的领导能力。

内容平庸很可耻，泛泛之论无意义

对了，关于写文章，这里还要指出一点，那就是"**必须努力避免平庸**"。

总体来说，很多人都不擅长评论。即使被要求发表评论，也往往只会说些诸如"真是太好了""我很高兴""无从置评"等平庸的言论。

可是，没有人想听这样的评论。如果一个人在公司的企划会议上只会发表这样的意见，那么这个人立刻就会被别人拉入黑名单，从此没人再会与之合作。

从这个意义上可以说，评论能力的提升已成为当代社会的重要课题。

在对话场合，评论力占据着很大的比重。言辞犀利的评论，能使交流变得非常充实。

文章也一样。只不过，对话中的评论与文章里的评论，在分量上是不同的。

在对话中，若说出"真是太好了"等平庸的言论，不会引起任何波澜。

而将之写入文章，就会成为空虚无物的东西，而且会一直存留下去。

对于那种若无其事地在文章中使用平庸言论的感性，我们应该感到可耻。

即使平庸的结果在某种程度上无可避免，也请务必铭记，要继续磨炼足以跨越这一障碍的写作能力。这一点非常重要。

此外，还要避免泛泛之论的罗列。

对于日本人，可以用"附和雷同型"来形容，因为从他们身上总是可以看见容易对他人言行随波逐流的倾向。而且在讨论中，始终发表泛泛之论的场面也屡见不鲜。

正如有句话叫"以和为贵"，无论做什么事，大家和睦相处、不起纷争是最好的。或许正是因为有这样的文化，有些人才习惯用泛泛之论去收尾。

当然，这种做法并非一无是处。但在我看来，若无其事地使用平庸的言辞，**即便是在真正需要郑重讨论的场合，也不改满口泛泛之论的现状，是很有问题的。**

与日本人完全相反的，是法国人。

每个法国人都极喜欢讨论，即使其他所有国民意见一致，他们也要说出自己的意见。

究其缘由，法国人有种"和别人一样是可耻的"的感觉。这种感觉近乎于强迫观念，总之就是"如果不说和别人不一样的话，自己就会失去存在的价值"。

我有时想，要是日本人变得和法国人一样强调自我，会怎么样？不管怎么说，有一点没错，那就是太多人只会说泛泛之论，这已经成为一大问题。

当今社会要求的是"陈述与别人不同的意见"。只会说理所当然的话，把泛泛之论写得好似意义重大，是很难得到社会性好评的。而且，这种倾向在今后会越来越强。

因此，写文章首先要做的，就是避免泛泛之论。这一点至关重要。

首先应该像"一般来说是这样，但我是这样"一样，在此基础上，写出自己的观点。

这绝不是说要炫耀自己与众不同的奇特之处，而是把目光聚焦在不同于泛泛之论的地方，探明事物的本质。**不要忘记关注此前无人注目的部分，努力抓住本质**。

时刻要求自己"拥有自己的视角"，这就是写作。

引用能带来"赚到了"的感觉

文章须有"点睛之笔"。越是能带来新发现的文章，越是有点睛之处。

话虽如此，但这样的文章并非一朝一夕就能写出来的。

再没有比自己经过冥思苦想写出点睛之笔更棒的事情了。然而，要想达到这种水平，需要付出很多时间和努力。

况且，能够感动读者的新发现并不是随时都能获得的。下面，我来介绍如何巧妙地活用一种比较简单的赋予文章以点睛之笔的技巧。

例如，著名的职业棒球接球手兼导演野村克也先生的口头禅——"胜有不可思议之胜，败无不可思议之败"，出自江户时代的大名、剑术高手松浦静山的剑术书《常静子剑谈》。

长久以来被大家口口相传的话语，会引发当代人的强烈共鸣。

查明这类语句的出处，将之巧妙地写入文章，就能使文章变得更加光辉熠熠，令读者产生"读这篇文章真是赚到了"的感觉。

不过，若是一味引用无人不晓的语句，不仅无法感动读者，还会给人以廉价、陈腐的印象，所以必须注意。

要像野村先生一样，不是对信息的简单挪用，而是自己查明原著，经过自己的理解消化后再用。

要想磨炼这种引用能力，不妨在写文章时，练习自己给自己加上"必须引用"的约束。

我在讲课时，曾给学生们布置过"写随笔时必须加入《论语》里的语句"这一课题。结果学生们说，没想到很容易就写出来了。

我布置课题之后，学生们大概产生了"有没有符合自身经历的语句呢"的念头，从而以做调查般的感觉去翻阅《论语》了。

结果就是"啊，这件事和我的经历很像"——他们成功地从《论语》里找到了适合自己的语句。

因为引用的是本就与自身经历相符的语句，所以随笔写起来自然轻而易举，完成的文章也会大放异彩。

不了解情况的人读过之后，肯定会赞叹"这里引用《论语》真棒啊"。通过"一直在写自己的经历，却突然出现了《论语》的句子"的表现方式，来体现作者颇有修养。

不过**必须注意，引用不可平庸。**

例如，想使用成语时，不要在文章最后留下"欲速则不达"这种俗套的表达，不然会使得前面的文章骤然显得神采全无，令读者感到自己仿佛陷入了无聊的说教。

名言同样如此。

被称为名言的语句，正因其广为人知，所以用起来总难免显得俗套。

以《论语》为例，即使引用其中著名的"三十而立"，也不会令读者感到震撼，产生继续读下去的兴趣。

若要引用，就应当准备不那么为人熟知的语句。

比如"不愤不启"。

这句话出自《论语·述而第七》之八，意思是"不到他心求通而未得的时候不去指点他"。这句话知道的人并不很多。

后面一句话是"不悱不发（不到他口欲言而不能的时候不去开导他）"。"启发"一词即由此而来。

文章中突然出现这样的引用，会令读者生出谢意，觉得"学到了自己不知道的名言"。如此一来，读者对于文章的满意度就会上升，继而生出对于作者的尊敬之意。

成为谈判文章的高手①　三个基本要点

　　与对手进行谈判的文章，要求具备极高的写作技巧。此时应当注意三个要点，即①利益、②选择、③ BATNA。

　　首先讲一下"利益"。

　　双方进行谈判的目的，当然是确保各自的利益，这一点自不用提。然而，如果双方都只是一味地强调自身的利益，那么谈判永远也无法达成协议。

　　力求自身利益的最大化，这原本无可厚非，但同时还必须争取对方利益的最大化。双方细致磋商、寻求双赢关系的基本姿态是必不可少的。

　　因此，首先需要详细说明，对于对方而言，什么才是利益。关键在于，不要使用强加于人的传达方式，应该若无其事地表达自己所发现的对方的利益。

　　在劳力和费用方面的利益越大，对方接受的可能性就越高。因此，若存在金钱以外的利益，将之一并提出，可以提高成功率。

话虽如此，可不能在文章里直接写出"利益是这个和这个"，否则会令对方觉得你的说法很不入流。此时，可以使用委婉的表达方式，比如"我想，对于贵公司今后的事业而言，这几点大概也能有所助力吧"。

接下来的"选择"，就是通过准备选项，使对方处在主动选择的立场上。

没有选项的谈判，很难达成协议。例如，哪怕条件再好，**如果只有一个选项，对方就会产生被强迫的感觉，从而踌躇不定，难以决断**。

与之相对，若有 A、B、C 三个选项，就能给对方提供思考的闲暇，从容讨论"既然如此，还是 A 比较好吧"或"也许 C 更好"。

所以我认为，应该像制订旅行计划一样，以"有 A、B、C 三条路线，另外还能附加这样的东西"的形式提出方案。

此外，事先改变这些选项的难易度也很重要。如果难易度相同，有多少选项都没意义。

有了难易度不同的多个选项，就能让对方觉得"至少应该同意最容易的条件，不然就说不过去了"，从而难以拒绝。

例如，某本月刊杂志委托你写一篇稿子。

如果委托书中写着"截稿日期是 4 月 30 日"，你就可能会以"现在太忙来不及"为由拒绝。

然而,如果写的是"希望在 4 月 30 日之前完稿。但若事多繁忙,难以在此日期之前完成,那么希望能在下一期出版截止的 5 月 30 日之前完稿。若仍不可行,则希望能在下下期出版截止的 6 月 30 日之前完稿",你就很难以截止日期为由拒绝了。

委托对方做事时,若能事先理清步骤,即可通过提出这种阶段性的条件,让对方明确说出"YES"。

第三点是"BATNA"。它是"Best Alternative To a Negotiated Agreement"的缩写。

谈判若能达成一致自然最好,但决裂也是大有可能的。因此,在开始谈判前为决裂所准备的替代方案,就称为 BATNA。

也就是说,如果谈判最终成功,那自然最好,但有时则可能失败或决裂。在这种情况下,你就要以己方还有其他选项的状态去谈判。

例如,你向 A 公司推销某商品的时候,如果谈判对象只有 A 公司一家,你的这一弱点就会被对方抓住,最终不得不接受对方的报价。

然而,如果 A 公司不行还有 B 公司,B 公司不行还有 C 公司,也就是开辟出第二、第三条后备方案,就能避免 A 公司单方面坐地起价了。

尤其是在讲条件的时候,这个方法能发挥很大作用。在谈判中，若能比较同行业的其他公司的条件，就能在很大程度上减少误判的可能性。此外，在不得不做出让步时，也能估测出最大让步的底线。

万一同 A 公司的谈判决裂，还可以与 B 公司或 C 公司展开谈判，所以在精神上会很从容。而精神上的从容，关系到谈判中的正确判断。

当然，如果直接表现出"你们不行还有 B 公司和 C 公司呢"的态度，A 公司就会觉得你"脚踩两只船"，从而心生不快。

因此，若无特殊情况，就不能表露出来，而公司骨干随时都会备好 BATNA，所以谈判的成功率会大幅提升。

总之，请在谈判中时刻意识到利益、选择、BATNA 这三点。

谈判中最重要的就是以上三点，但在写文章的时候，还有一味佐料是必不可少的，那就是"个人的意志"。也可以称之为"热情"。

毕竟是工作，提出恰当无误的条件是首要任务。不过，没有人会仅凭条件去判断事物。

这是因为，即使书面上的条件乍一看很不错，如果对方的负责人毫无热情的态度，工作进展就很可能不会顺利，负担之大将超出预期。

合作伙伴是怎样的人、有多少热忱，是重要的判断标准。

总之，只要在明示条件的基础上，写出一定水准以上的文章，就不大可能被对方质疑自身的能力。

因此，在用于谈判的文章中，一定要展现出自己的热情。

其中的关键，在于事先详细调查对方的情况，然后若无其事地写进文章。

例如，你委托某人写稿子，若能在委托书中若无其事地提及"您在这本书中，说过△△△△这样的话……"，对方就会明白，"啊，这人是仔细阅读了我的作品，然后才提出这个方案的"。

对方知道了你对这份工作的热情，就能安心开展工作了。

通过谈判，不断积累这样的信赖关系，能为工作带来很大的惊喜。由此即可形成私人性质的人际关系，从而在公司与公司之间、人与人之间建立起互帮互助的牢固关系。

成为谈判文章的高手② 重视换行和数据

用于谈判的文章，必须考虑到以利益、选择、BATNA这三点为首的众多要素，所以需要具备极高的写作技巧。

为了尽可能写出简洁清爽、易于阅读的文章，**灵活使用换行也是值得重视的一种手段**。

以前的商务文书多为手写，而现在的商务文章几乎都是用电脑写成的，所以能够自由地换行，即使有很多换行也能被对方接受。

例如，每写一句话就换一行，使得每句话鲜明而醒目的写法也是可行的。

本来，商务文书最忌讳的就是冗长啰唆、不知所云。也就是说，写商务文书需要考虑到可读性，要使作者的主张鲜明而醒目。

另外，加入图表或插图以作参考，也是极有效的。

与其只在自己想说的事情上精心雕琢文字，不如在总结主张的基础上，添加客观的数据作为参考资料，这样更有说服力。也就是写成有诸多周边信息的文书。

当然，这样一来，文书整体的文字量就会变得太大，效果适得其反。不过，只附有两三份数据，就能让对方的印象更完整、深刻。

加入图表、插图或预期完成图的令人印象深刻的文书，比起只靠文字来说明，能使对方的理解更加深刻。

如果只是文章，就会给对方留下自行解释的余地，可能造成误解。而通过加入图表或插图，能够呈现整体形象，所以能防止日后因意外事件而导致纠纷。

写商务文书时，应该多加留意，避免意外事件的发生。这一点自不用说。事先对各种情况做出具体的假想，以避免发生意外事件，会使文章更具说服力。

能够令人浮现出具体印象的文书，可以深化思考，也能减轻对方"在这种情况下会怎样"的不安。

只要根除不安，就能在最大程度上防止日后因"那种事没听过"而发生纠纷。

此外，通过加入数据，往往还能令对方更容易接受自己的主张。

也就是说，如果没有客观的数据，对方就不得不仅靠文章去判断方案内容，所以对方因害怕担责任而消极对待的可能性就会增高。

相反，若有客观的数据映入视野，看起来就如同有第三方在对方案内容做出积极的判断。

所以说，创作让对方容易产生印象的文书是非常重要的。

确立文风① 文风为何重要

我们要知道，读者是否觉得文章有趣，最重要的因素自然取决于文章的内容，但除此之外，"文风"也很重要。

最近，不大喜欢读书但喜欢写书的人与日俱增。或许是借助SNS（社交网络服务）等工具信笔创作的机会越来越多了吧。

此外，由文艺期刊主办的文学奖，也收到了大量的应征稿件。在这些人里，觉得自己有过特殊的经历，所以写小说应当不在话下的人可谓为数众多。

然而实际上，他们并不能写出很能吸引读者的小说。原因在于，那些经历也许对于其本人而言意义非凡，但在别人看来，却未必有同样的价值。

以恋爱为例，对于当事人而言，其过程可能是戏剧性的，但在别人读来，大概只会感到平常。

然而，偏有人能从平凡的日常生活当中，抓住灵感到来的瞬间写进文章。此外，还有人能以不平凡的视角去书写平凡的日常。

造成这其中差距的原因是什么呢？

原因有二。一是找见其他人所不能发现的"发现新事物的能力"。关于这一点，在第 2 章中已经详细说明。另一点便是"文风"。

的确，最近的小说或随笔，以我们日常使用的、平易近人的语言写成的东西居多。此外，以主观视角直接抒写个人体验的作品也不少。

但实际上，当中广受好评的作品，无一不是在文章结构、表达手法等方面下过苦功，同时兼具能引起大众共鸣的普遍性的作品。

那些刊载在文艺期刊上的小说和随笔，有些人读来觉得"这种水平我也能写"，但这往往是他们只看了内容而做出的判断。实际上，有的作品即使内容看似平平无奇，但是在"发现新事物的能力"或"文风"上，都灌注了极高超的技巧。

在此之前，本书的目标是先写出有章法的文章。因为，这是相对容易掌握的。

能够掌握章法之后，为了更进一步地赋予文章生命力，接下来就应该学习"文风"。

确立文风② 通过文风表明立场

例如,有的人演技并不太好,但有着强烈的"存在感",很能取悦观众。尽管他们演什么角色都是同一个人,可是仍能通吃。

相反,有的人演技颇高,存在感却很稀薄,无法取得大的成就,不知什么时候就从舞台上消失不见了。

二者的区别就在于后者往往无法确立自己所在的立场,因此存在感稀薄,即使能建立起不凡的演技,也无法形成自己的风格。

所谓存在感,本就取决于一个人是否获得了自己的风格。能否令读者感受到文章的生命力,就是有没有自身风格的体现。

因此,不能确立自身立场的演员,永远也无法大放光彩。

演员的"演技",即相当于写作中的"章法"。这是一种基础能力，是演员（作者）必须具备的最低限度的能力。某种程度上，这种能力是可以通过训练来培养的。

然而，要想大放光彩，仅仅如此是不够的。

演员必须确立立场，奠定风格（即存在感），用在写作能力中，风格便是"文风"。

在多大程度上掌握了有魅力的文风，将决定你的文章能否大放光彩。

问题在于，文风这种东西，是被作者的个性所左右的。

如前所述，只要经过一定程度的训练就能掌握写作的章法，文风则不是这样。即使花很长时间，恐怕也很难培养出理想的文风。

确立文风③ 凸显立场的身体性

第3章说明了"身体性"的重要性。本章将指出，身体性与文风也有很大关系。

光是听见一个人的声音，就能知道其身体性。文章中的文风即与此非常相似。

即使不是文章高手，也能感觉出这人的文风与那人文风的不同。

文章中流淌着作者的为人、性格、氛围，能令人感受到完全不同的色调。

太宰治《奔跑吧！梅勒斯》中的每个句子都相当短，是一种读起来很有爽脆感的文风。在阅读过程中，我们会感到创作中的太宰治那富有韵律的身体性仿佛流淌而出，直入心田。

两手掬水，一口饮下。喟然长叹，如梦方醒。能行。

走吧。随着肉体的疲劳恢复,一点希望油然而生。是履行义务的希望。是舍生守信的希望。斜阳向棵棵树木的叶子投下红光,枝叶闪耀欲燃。离日落还有段时间。有人正在等我。有人正在不疑地、静静地期待着我。我是被人信任着的。我的性命不是问题。不想说什么以死谢罪的漂亮话。我必须报答这份信赖。眼下只这一件事。奔跑吧!梅勒斯。

(出自《奔跑吧!梅勒斯》)

如何?不难看出,这种接连不断的文风,营造出了一种了强烈的紧迫感。所以,读者会觉得"体会到了作者想说的最重要的东西"。

那是超越了语句在使用语言表达上的不同,关系到文章整体的感性问题。

确立文风并不容易。

然而,通过广泛、深入地阅读优秀文章,磨炼深刻领会文风的感性,阅读能力就会提升,同时,写作能力也会实现飞跃性的进步。这样一来,文风就能逐渐锻炼成型。

这就好像,同一支曲子由不同的人演奏,就会变得截然不同。

读者的能力越深厚,从文章中读取的信息也会越有深度。作者的能力越高,就越能给更多的人带去巨大的感动。

前文对于文风的说明，是举小说为例的，而对于随笔、自传、作文等，文风也非常重要。

比如自传，我推荐《紫色履历书》（美轮明宏）。光是读开头部分，就能了解其特殊之处。该书描写了作者出生的环境，也就是当时的日本长崎市，鲜明地彰显了自身的存在，文章中洋溢着生命力。

此外，关于作文的文风，请务必了解最后一章所举的《新编课堂作文》（丰田正子著，山住正己编）。

总之，要想提高写作能力，阅读很重要。

因此，就需要接触更多的文章。这一点很重要。我还建议，**对于中意的文章，应该出声朗读。**

文章是好是坏，出声读一读就会一清二楚。因为在朗读过程中，能够很轻易地感觉到文章是否顺畅不拗口。

通过朗读，能清楚地知道文中是否隐含着作者的身体性。

读下来你会发现，对话陈腐、令人尴尬的小说委实不少。而那正是文风尚未凝练成型、欠缺生命力的缘故。

本来，写作就是将作者的感觉凝固成文章的过程，也就是使生命力结晶成一个个文字，而这种感觉光靠写作是很难掌握的，必须通过阅读大量的好文章来修炼。

通过出声朗读，还能更深刻地感受文章的生命力，并使之成为自己的东西。

管理时间①　掌握时间的用法

前文已经多次提到，要想磨炼写作能力，需要遇见很多人，经历各种各样的事情，最重要的是，要接触大量的名著。

然而问题在于，我们能够为此使用的时间是非常有限的。

在曾经某个时代，说起商务人士的工作时间，朝九晚五是天经地义的事。而如今，全世界被互联网联结在了一起，在24小时临战体制下工作便成了理所当然的事。

生活在这个时代，我们必须设法创造出高效磨炼自己的时间。

而首先需要掌握的，就是赋予每一项工作的开展方式以变化并分成阶段来完成的感觉。

像今天一天做这个和这个，上午做这个，下午做这个的程度，可以说是还很不成熟的决定方式。

从几点到几点做完这份工作，从几点到几点做这个……

要像这样严格地规定好预定计划。

此时，应以 90 分钟（一个半小时）作为基本的时间段。

比起抱着"这份工作大概需要半天时间"的想法而磨磨蹭蹭，以 90 分钟内完成为基本，争取在此时间内完工的想法要更有效率。

时间这东西，并不是用了就有好结果的。

最好有个限制，在多久时间内必须做什么，这样能养成切实的问题意识，也能有效地利用时间。

时间管理早已成为提高写作能力所不可或缺的要素。

管理时间② 最大限度地活用记事本

那么，以90分钟为基本来决定分段时间的时候，应该把计划大纲写在记事本上，以待确认。这一点很重要。而写备忘，我推荐使用以30分钟为单位的记事本。

决定工作的开展方式时，并不能一切都依自己的方便去决定，因为有时会有客人到访，或是突然开会，或是突然变更预约时间。

因此，无论如何都会产生30分钟左右的碎片时间。

这一时间该如何有效地利用呢？

比如，你去拜访客户，不巧对方的负责人外出了，这时就空出了30分钟，但如果你去咖啡店喝茶来打发时间，那就太浪费了。

应该更有效地利用这30分钟的时间，比如用来思考企划方案所需要的素材，或是思考应该怎样给当天交换过名片的人写感谢信。

即使是30分钟的碎片时间,两次加起来就是1个小时,3次就是一个半小时。也就是说,这些碎片时间完全能在一定程度上拼凑出比较完整的时间。

为了这个原因,我也希望大家能好好利用以30分钟为单位的记事本。

而且,在记事本上写下日程安排的时候,我会分别使用红、蓝、绿三种颜色。用三种颜色记录信息,能够高效地管理自己工作的品质。也就是说,工作的质量会得到提升。

我从三十多年以前就开始使用记事本至今,而自从后来开始使用三种颜色记录,我就切实地体会到,记事本的利用程度发生了显著的变化。

即使有大量的工作需要完成,我的思维也不会发生混乱。尽管我每天都过得非常辛苦,但结果还算顺利,因为我一直用三种颜色在以30分钟为单位的记事本上做备忘。

三色笔记的好处在于,利用不同颜色使得事项的级别一目了然,能够当场确定优先顺序。

例如,最重要的事情,我会用红色书写。像这种一旦忘记就会给别人添麻烦的重要事项,我会使用醒目的红色。

用蓝色书写的,则是同样不能忘记的次要事项。

无论红色事项还是蓝色事项,我都会标明时间跨度,从几点到几点,再把该部分用笔圈起来。

至于绿色，则是用来记录与爱好相关的事及其扩展事项。

这样一来，自己的预定计划就会以立体的方式呈现在脑海中，从而能够妥善地管理日程安排。

而且，通过这种分色记录的方式，还能获得其他效果，那就是**形象化地把握自己的时间，使之作为鲜明的记忆留存下来**。

比方说，明天的日期栏里记录的事项，即使想不起具体是什么事，但因为脑中记得那是用红色书写的，就能把失误控制在最小的限度。

此外，对于既不用红色也不用蓝色的部分，我往往会使用绿色。这样一来，我一眼就能知道自己能够自由使用的时间在什么时候、有多少。

通过思考如何利用这些时间，就能把零星的碎片时间有效地利用起来。

管理时间③ 对时间的用法抱有追切感

在我看来，像这样使用三色圆珠笔在记事本上做记录的行为，已经成为工作的必要一环。

所以，不光是重要事项本身，就连实际操作的要点，我也会用蓝色或绿色笔来记录。

然后，在会议间歇或是乘坐公交车或出租车时，我会翻开记事本，思考各个步骤。

从某种意义上可以说，这一思考步骤的过程，就是在妥善管理自己的时间。

要想养成自主管理时间的习惯，有一种不错的训练方法，比如在写稿子的时候，可以确定在什么时间之前写完，然后看着计时器工作。

我认为，计时器是商务人士的必备工具。请大家也一定要购买一个。

此外，写文书的时候，也不要一直觉得时间很多，结果拖到截止日期当天才提交，大可以自己决定截止日期，比如提前两天，然后做好与之相应的日程安排，效果也会很好。

这样一来，你对时间的用法就会生出迫切感，能够很好地理清步骤，就像"好，这个解决了，接下来是这个"。

然后，不管做任何事，你都会形成清晰的提前意识。

也就是说，**要锻炼自己妥善管理自己的时间，而不是被时间摆布**。这一点很重要。

你不会想和那种在工作中一直拖延的人共事吧。

和那样的人组队，最终必然会被拖后腿。

与之相比，当然是和按期完工的人甚至提前完工的人组队要好得多。这是人之常情。

我认为，工作是自己争取来的。

当机会来临时，要想把握住，首先就得遵守期限，进而更应提前开展工作。

高品质的工作和有趣的创意也很重要。不过，商务人士需要在同很多人一起工作的过程中获得信赖感。

为此，便需要具备管理时间的能力，而善用记事本的能力是根本，不可或缺。

第 5 章

成为"读、写、说"高手
——锤炼语言的终极技巧大全

"读""写""说"都很重要的理由

这本《写作全技术》，是作为继《超级阅读术》《大人的沟通全技术》之后的系列第三部出版的书。

我认为商务人士要提高工作能力，就必须全面锻炼这三种能力。

这是因为，**"读""写""说"这三种能力是联动的。**要想顺利度过社会生活，"语言的综合能力"十分重要，而要掌握"语言的综合能力"，上述三种能力缺一不可。

例如，通过商务文书交涉的时候，你必须从对方所写的文书里准确读取出对方所求，再做出合适的回复。在这种时候，你就只能让"读"和"写"联动起来。

又或者，以"尽管通过电话与对方交涉也可以，但文章能留下记录，并且传达准确，所以我打算先用文章传达要事，然后再打电话"的形式开展工作的情况也不在少数。在这种时候，就需要使"写"和"说"联动。

也就是说，我们在每天的工作当中，时刻都在使"读""写""说"发生联动。

话虽如此，我们并不会总是选择"写"。

有的人认为，用电话说更易于情绪的传达，所以只要有可能，他们更愿意通过电话开展工作。

这样做的好处在于，你能在感受对方情绪的同时做决定。

在对方的声音及讲话方式当中，包含着其人的一切信息，比如出身、教育、经历等。对于在一定程度上惯于识人的人而言，这包含了相当大的信息量。

例如，当你很难看出对方的态度"是赞成还是反对""是打算接受还是拒绝"的时候，最好通过电话与对方交谈，或是直接见面交流。

很多时候，通过发声方式、举止动作等身体信息或表情信息，也能读出对方的态度。

很多时候，当未确定的部分过多，或是完全不清楚对方的意向时，通过交谈更容易确保交涉顺利。

我们会在无意识中，根据情况区分使用这三种能力，有时还会令其联动，而我们必须有意识地掌握这种联动的技巧。

请务必铭记，"阅读能力""写作能力""沟通能力"中的每一个都很重要，必须时刻加以磨炼。

掌握"听话力"

前文阐述了"沟通能力"的重要性,其实除此之外,还有一种能力需要我们掌握,那就是"听话力"。本来,"沟通能力"就是一种综合能力,不光有"说话力",还包括"听话力"。

单方面不停地说,当然不能构成对话。仔细听取对方所说的能力是必需的。

要想提高这种听话力,有个好方法。

那就是在写邮件的时候,将双方在电话里商量好的内容写成文章发给对方。

正确听取对方说话的内容并将之总结成文章,会大幅提升你的听话力。

我认为,在学校教育中,使"听话力"和"写作能力"联动是非常重要的。这是因为,这样能够极大地提升学习实力。

甚至可以说，只要听取老师所讲，用自己的语言将之总结成文章，学习就几乎可以结束了。

写作是把自己脑中的东西拿出来（产出），做学问则是学习自己不知道的东西。

而学习，就是听或读。

听取或读取值得学习的对方的话，然后一边在脑海中分析解构，一边消化，再用自己的说法表达出同样的内容。这便是"掌握"。

绝大多数考试的目的，都是确认学生是否已经掌握了这样的能力。也就是说，只要将老师所讲的内容记好笔记，确保没有遗漏要点，再用自己的话说出来或写出来就行了。

实际上，在步入社会以后，这样的语言能力能得到很好的活用。

公司里若有一人，能将自己和客户或公司部门之间交流的内容写成文书并抄送给公司全员过目，工作开展起来就会非常便利。

在我们大学部门里，有文员会总结好会议记录交给我们确认，这真的帮了很大的忙。

普通公司里未必有这样的文员，所以可能不得不自己动手。在这种情况下，没必要事事都总结得像会议记录那么规范。

考虑到效率，可以先判断需要细致到何种程度，再用十分钟左右快速总结出要点即可。

然后可以在最后写上"今天决定了这件事，若有错误请指正"，发给全员过目。

这样一来，所有人都能时刻共享信息，也就打下了商务团队合作的基础。

说到商务中的团队合作，最重要的就是信息的共享。若能共享信息，就能了解事态进展到了什么地步，还能把握整体动向，所以自己不至于判断错误。

归根结底，在组织里擅自行动的人，很多都是因为信息没有共享。

"应该共享"的信息若能稍微多些共享，大概就不至于如此了。

将信息尽可能简单、不费力地加以总结的能力，也就是以"说""听"为基础的写作能力，已然非常重要。

"写作能力"的根本在于"阅读能力"

"写作能力"的根本在于"阅读能力"。

在我看来,即使读过一百本书,也未必能写出一本书。

我的切身体会是,读过一千本书,才能勉强写出一本书来。也就是说,比例是1000∶1。

若能在一段时间内读完一千本书,以后的写作就会变得越来越容易。话虽如此,要说阅读量和写作量,所读文字必须是所写文字的一千倍才行。

因此,要想迅速并切实地提升写作能力,我建议每天读报纸。

报纸的文章量十分庞大,若能消化理解,词汇量自然就会增大。

最终,你在写作的时候,就能了解到自己所写文章的准确度。

不过,并不是说读完立刻就能写。如果只依靠读报纸就能立刻写出规整的文章,那自然再好不过,然而遗憾的是,并不是读过报纸就能变得会写文章。

写作是很累的,试着写写就会发现,实在难得出乎意料。

要想掌握写作能力,就应该做好付出相应努力的心理准备。

先"说"再"写"更轻松

写作确实很辛苦，但有种方法能让你更容易跨越这道障碍。只要尝试加入"说"这一步，写作就会变得轻松许多。

在"写"之前加入"说"，达到一定程度的总结后再写。也就是说，这种方法是基于说的内容来写。

读过一本书后，可以试着把书的内容讲给家人或朋友。

或者可以利用SNS，像"我读了一下这种书，内容是这样的"一样，以说话般的形式去写。

事实上，对SNS的使用，与其说是"写"，不如说更接近"说"。因此，可以用说话般的感觉在SNS中输出内容，以自己的方式整理，然后再加上评论。这样一来，你就会产生一种写前阶段的任务已经完成的感觉。

到了动笔的时候，在毫无准备的情况下去写是十分辛苦的。而曾经说过两三次的内容，就非常容易把握，写起来也会很快。

有的小说家会对写作内容保密，不透露给任何人，直到能量蓄积到足够的高度，便如决堤般倾泻而下，一气呵成。

不过，这是小说家的做法，换成普通人写文章，就有些不同了。

对于普通人来说，有时候，写文章这一行为本身就会造成压力，所以首先要做的，就是减少这种压力。

为此，**可以先通过门槛较低（即压力较少）的说，大致把握那种感觉，然后再开始写。**

当然，一旦开始写，就会感觉到"啊，说和写确实不一样啊"。但同时，你也能切实地体会到，通过先前的说，压力已经被削弱了很多。

当我想写什么东西的时候，也会先以商量般的口吻对周围的人说话，比如"这个怎么样"，而很多时候，我的想法就在这一过程中逐渐成型了。

即使对方对于我想写的主题并无太多相关知识，但只要是优秀的倾听者，有时我自己就能有所发现。

然后，我就能像"那就写一下试试吧"一样，正式进入下一个阶段。

边说边整理思路，是非常合理且轻松的一步。

边同对方说话，边将想到的事或**创意记录到记事本或智能手机，这样的创意只有在说和听的过程中才能轻易获得。**

像呼吸般读书

读书的时候，应该像呼吸那样去读。

就算是读书很少的人，也还是应该完成一定程度的读书量。因为这样一来，你所掌握的词汇会变丰富，想说、想写的内容都不至于空洞无物。

相较于日常对话，文章中出现的词汇要多得多，在说、听场合根本不会出现的词汇和书面语也不少。

翻开辞典就会明白，仅仅是在翻开的那两页里，就密密麻麻地陈列着口语中不会用到的词语。

而通过使用这些词语，能写出密度高的文章。仅仅为了这个原因，我们也必须增加阅读量，熟悉书面语汇。

因此，要想提升写作能力，首先需要养成如呼吸般持续阅读的习惯。

一项调查结果显示，在日本，每月读书量不到一本的人中，高中生所占的比例已经超过半数。那些孩子究竟在做什么呢？答案是玩SNS。

按理说，既然有玩SNS的时间，就应该有读书的时间。但是，网络上的闲聊更令人开心。

然而，上网并不能提高自身。

归根结底，读书是在作者和自己之间建立起垂直的关系。

绝大多数写书的人，都在某方面比自己拥有更多的知识和经验，多是已达到一定水准的人。

亦即是说，读书就是接受水平高于自己的人的指导。

通过读书，接受与朋友们闲聊时绝对得不到的垂直性的学习，这就是阅读行为。

一旦失去这种"阅读"行为，你就会产生错觉，误以为大家继续停留在和以前一样的水平也没问题，甚至连希望自身进步的情绪也没有了。

以网球训练为例，每星期都跟与自己技术水平相当的人竞技，你的网球水平永远也不会提高。

与之相对，若能同锦织圭较量，你的技术立刻就能得到提高。

我就曾与日本职业网球选手福井烈一同训练。因为对方很强，所以我光是跟着对方的节奏打球，就能感到自己也变厉害了，实际上，我也确实在一段时期内称霸球场（但过了一段时间，我又变回原样了，所以说坚持是必要的）。

在我看来，读书与之相似，也是让对方的思想和心理附体的行为。

读歌德的书，就能让歌德的聪慧附到自己身上；读尼采的书，就能让尼采的锐利附到自己身上；读夏目漱石的书，就能让夏目漱石的深刻的思想和丰富的情感附到自己身上……就像这样，作者的思想和心理会凭空转移。

阅读这一行为，是将前人心灵深处的思想和心理转移到自身的行为，是让伟大的他人住进自己内心的行为。这就等同于获得了非常强大的伙伴。

要在获得这种伙伴的基础上写作，这一点很重要，所以我们得像体育运动那样，经常锻炼自己的身体。

不管是踢足球还是打篮球，都必须在平时就通过跑步拥有基础体力，否则就玩不好球。

写作这一行为亦然。因此，就像运动员先要跑起来一样，我们首先也要开始阅读。

掌握关系到产出的阅读方法

无论读报还是读书，我们都应该意识到，阅读铅字能够培养写作所需的体力。

但如果只是一门心思阅读，就不会有所产出，所以一定要在意识到产出的前提下进行阅读，这一点非常重要。

我每周都会给学生布置课题，叫他们针对一本书写短文并提交。这样一来，他们就必须为了写作而去读书，所以阅读的质量会提高。

当然，没有目的的阅读也挺好，但**光是拥有将阅读内容用于小短文这样的意识，阅读的准确度就会提升**。

而且，偶尔在文章中引用通过阅读积累的语句，能起到画龙点睛的作用，提高文章的水准。

因此在阅读时，如果觉得"啊，这段话可以用"，就应该在那一页贴上便签，或是折起一角，保存下来，这一点很重要。

这样一来，写文章时就能用上读过的书或报纸，下次阅读就会变得更积极、更享受。而且，经常像"啊，这个要写，这个也要写，还有这个"一样去琢磨，文章自然会写得越来越好。

最近，有许多人会把自己认为好吃的食物拍照，打算上传到互联网，而引用好的文章，就近似于这种感觉。

以"啊，这段话太棒了，想让所有人都知道"的形式加以引用，再添加自己的评论，然后上传至博客。这样一来，读者也会产生"啊，这句话真棒"的感动。

不过，展示食物的照片，实际上并不能吃，也闻不到香味。所以，上传到互联网的食物照片如果不实际吃，就没什么用处。

文章则不同，直接就能向读者传情达意。阅读时的感动不会衰减。

这是文章的优点。**在自己的文章中引用以前读过且喜欢的优秀文章，不仅能使自己的文章变得更好，还能为其他人提供可以有效活用的素材。**

不过，引用时要记得使用引号，表明这部分是引用。另外还请标明出处。如果在引用时对原作者毫无敬意，就属于不被许可的剽窃行为。

只要在引用时遵守这些规则，在作者和读者之间，关于先人们的真知灼见的信息就会越来越多。

从这个意义上，对于人类而言，互联网时代或许是一大机遇。

在互联网普及的环境下，阅读量庞大的人各自都在完成庞大的写作量。

因为托互联网的福，我们能够随时写作，向许多人发送信息。

我生于 1960 年，所以在我那个时代，互联网自不用说，连文字处理机也没有。在文字处理机普及以前的时代，普通人不会像现在这样创作大量的文章。

进入 21 世纪后，又已过去十多年，日本人现在创作的文章量要数倍于整个 20 世纪的文章总量。

要想适应这样的信息化时代，我们需要使阅读和写作联动，从而保证自己所写的文章的品质。

基于说、听，降低写作的难度；通过阅读，提高文章的品质……使这些行为联动，就能令写作这一需要相当能量的行为变得更有性价比，品质更高。

如何掌握以写作为目的的读书技巧

要想提高写作能力，写出更优秀的文章，必须进行以写作为前提的读书。

基本上，读书是用来获得信息的投入行为。但要意识到，读书不单是为了获取知识，还要将获得的信息再输出。

当然，在十多岁的时候，依自己的兴趣乱读也无不可。摸到什么书就读什么书，无疑也能增加知识量，培养基本的思考能力。

然而，一旦成为商务人士，可用于读书的时间就会受限，光靠乱读，效率就会很低。

正因如此，才需要进行以写作为前提的读书。

写作能力和阅读能力是相互联结着的。

完全不读书的人不可能写出有趣的文章。实际上，真正具备写作能力的人，都有着庞大的读书量，无一例外。

然而，有一点不要误解，那就是拥有庞大的读书量，并不意味着就能直接带来相应的写作能力。

如果任凭自己的兴趣，随意阅读各种各样的书，到需要以之为题材写作的时候，就会不知道该如何写。

就我本人而言，在依兴趣读书和阅读与工作有关的书籍时（以写作为前提），阅读方法就完全不同。

从这个意义上讲，我们要时刻意识到自己阅读一本书的目的是什么。这一点至关重要。

此外，我在进行以工作为前提的读书时，会使用三色圆珠笔。

日后可供引用的重要部分用红线标示，次要部分用蓝线标示，个人觉得有趣的部分或感兴趣的部分用绿线标示。

然后，再在这些书页上贴便签，或折起一角，便于日后查找。

此外，如果觉得某一页的内容与另一页互有关联，可以在书页的空白部分记下相关的页码。

做到以上几项，书本身就会成为写作题材。

有些爱书之人，讨厌把书弄脏。

然而，若是自己买的书，大可毫不犹豫地在书页上做笔记。应该全面活用书籍，提高自身能力。我衷心希望本书也能得到如此的使用。

收放自如的读书

前文阐述了怀着产出意识进行阅读的重要性。

然而，我们应该认识到，以写作为目的的读书，与我们出于兴趣所进行的"鉴赏读书"，是两码事。

对于鉴赏读书而言，特意花时间持续且深入地阅读正是乐趣之一。

然而，为了获得写作题材所进行的读书，如果也像鉴赏读书那样，花再多时间也是不够的。

必须将阅读限定在一定的时间内。因此，从某种意义上讲，**以写作为目的的读书必须是"收放自如的读书"才行**。

例如，很多人所受的教育，要求他们一旦读书就必须读到最后。可是在我看来，书未必要读完。

如果真的非常有趣，什么都不用说也会继续看下去，直到读完。

然而，如果试读之后觉得没什么意思，那么中途放弃也无所谓。

正因为觉得书必须读到最后，所以读书才成了一件令人讨厌的事。

如果感到无趣，不如果断弃之，开始阅读下一本书。

而且，从寻找写作素材这一点来讲，完全可以选择跳读，只关注与写作主题有关的部分。

极端地讲，"只读必要的地方""只读觉得有趣的部分""没能触动自己的东西就是无缘的，不如弃之"等读书风格也是必要的。

在有限时间内阅读的技巧

"收放自如的读书"毕竟是以写作为目的的阅读，所以势必只能在有限的时间内进行，否则可能就会一直拖延下去，白白浪费宝贵的时间。

比如，假设你必须在一小时里读完一本书。

可是，你平时读完一本书需要5个小时左右，一个小时只能读五分之一。

集中精力或许多少能加快些速度，可即便如此，也不可能读完整本书。

那该怎么办呢？

聚焦于要点部分，只读两成即可。

为此，应该活用目录。

快速浏览目录，找出可能触动自己的条目。

然后，用三色圆珠笔画线，标示出目录中有头绪的部分，集中精力深入阅读。

此时，为了写作而阅读的意识应该很清晰，所以阅读的效率会非常高。

即使有八成的内容没看，只要能从一本书里找到三四处可用的部分，就能称得上是十分有价值的读书。

也就是说，对于以写作为目的的读书而言，培养选择应读部分的眼光要比阅读速度更重要。

有时，即使读了三四十页，可能也找不到一处触动自己的地方。

那就是书选得不好。

因此，观察书的封面和目录，选择该读的书的能力也很重要。

展开关键词的网，为写作而读书

为了写作而读书，需要持有问题意识。

例如，为了以某件事为主题写作而读书的时候，关于那件事，在自己的头脑里必须持有具体的问题意识。

当实际阅读的时候，要把问题意识转换成关键词，再将关键词像网眼一样展开。

在读书过程中，会有很多词语在脑中闪现，其中就存在会被关键词之网挂住的词语。这部分便可作为写作素材。

然而，如果关键词过多，网眼就会很细小，乱网一通，阅读速度很难加快。

相反，如果关键词太少，网眼就很粗大，可能一个也网不到。

因此，决定以什么作为关键词的能力也很重要。

要想掌握这种找到关键词的能力，以读书为中心的信息收

集至关重要。

正如我在前文中反复阐述了引用的重要性，在自己的逻辑展开中加入别人所写的文章，真的很有效果。

一边引用在读书过程中印象深刻的语句，一边抒写自己从中受到了怎样的刺激，你写的文章就会更有深度，也能令读者感叹"原来如此"并欣然接受。

正因如此，怀着引用意识去读书才很重要。如此积累的文章，即使没机会直接引用，也能磨炼自己在写作或说话时的措辞，提供极大的助力。

此外，第 1 章曾略有提及，"练习像铅字一样说"是提升自己文章力的一种练习方法。

所谓像出版物一样说话，也就是"像写作一样说话话"，至少怀着这个意识去练习，写作就会立刻变得轻松。

例如，只是像"是什么什么"一样边在自己心里说，边留意逗号和句号（标点符号）的使用，就很有文章色彩了。

用没有任何意识的口语体，容易形成像"这个，这个，然后还有这个"这种没有句号的冗长文章。

如果拥有令句末整洁的意识，即使在口语中也使用添加句号般的讲话方式，就能逐渐接近写作时的状态。

像这种练习，我曾经为之录了几十盘磁带。如今，在说话的时候，其内容就会在我脑中迅速化作文字浮现出来。

不过，光是这样做，会导致讲话方式变得僵硬死板。因此，平时说话时要尽量保持柔和，只有到了内容必须有深度的时候，我才会迅速切换成像写一样去说的意识。

还有人常言"像说一样写"。也就是不把写作行为想得过于凝重，像说话一样去写即可。

这的确也是一种创意。不过，本书的目标并非写作轻松的文章，而是培养在商务场合也能通用的高水平的写作能力。

因此，我们应该以扎实的写作风格与讲话方式互相联动为目标。

我本人就通过锻炼像写一样说的能力，使得废话变少了。我感觉到，自己能根据不同情况选择出合适的关键词，同时随机应变地说话。

这在平时就已养成习惯，而我最近发现，即使是听新闻，我甚至也会无意识地用手指在手心里写字。

例如，听见"东京都此刻正在发生什么什么事"的新闻，我就会无意识地写出"东京都"的字样。

我养成了将听见的信息变换为书写文字的习惯，听着听着就会用手指写。当然，并不是把所有内容都写出来，而是通过这种方式，将新闻变成文字，实现身体上的把握。

我觉得，这样做的并非只有我一个人。

比方说，听新闻的时候，**很多日本人并不是把文章当作声音去听，而是会转换成汉字和假名混合的文字去听。**

然而，听见"继续推行量化宽松政策"的时候，你的脑海里就应该会浮现出"量化宽松"这个概念。

也就是说，耳中听见"量化宽松"这个词的时候，正因为脑海里会浮现出统一的"量化宽松"这个概念，所以才能理解。

如果小学低年级的小孩听见"量化宽松"这个词，并不会浮现出"量化宽松"这几个字，所以完全不理解其含义。

从这个意义上可以说，为了简洁扼要地传达语意，以书面语为中心要容易得多。

反之，和词汇量不足的人说话，会很耗时间。

要想不被人看扁，关键就是要努力提高自己的词汇能力。

因此，我希望你能以报纸为基础读物，另外每个月至少阅读两三本书，从而培养基础阅读能力。

末 章

助我练成"写作能力"的书

01 《反复无常的机器人》

星新一 著

我以前办过教小学生的补习班。我让低年级的孩子朗读这本书中的内容时,大家都很开心。

包括成名作品《反复无常的机器人》在内,该书全是由三页左右的短篇组成的,而每一篇作品真的都很有趣。**用如此短小的文章引人赞叹,其实是相当难的,作者的写作技巧之高令人咋舌。**

最重要的是创意。因为短篇没有令人印象深刻的收场是不行的。

例如,《新发明的枕头》这篇作品,是从博士发明让人一觉醒来就掌握英语的枕头开始的。以起承转结而言,这就是"起"。

好不容易发明了这个枕头，博士却因为本来就会英语，所以自己无法尝试。于是，邻居不会英语的男主人便自告奋勇要试一试。这里是"承"。

可是，隔壁家的男主人使用了那个枕头，却还是一点儿英语也不会。枕头应该没有发生故障，却很奇怪地不起作用，叫人怀疑这项发明失败了。这里是"转"。

有一天，博士对隔壁家的女儿打招呼说："你父亲后来还好吗？"女儿回答："他最近说梦话都用英语。"这个结局才叫人明白，"入睡后的学习只在睡着时才起作用"。这就是"结"。

由此可见，**这篇作品的结构非常出色，堪称依照"起、承、转、结"组织故事的教科书**。

写文章时没有令人印象深刻的收场或是被批评"无趣"的人，读过星新一的文章，想必就能明白怎样才能用极少的笔墨写出一鸣惊人的文章。

星新一真的创作了数量庞大的小小说，所以并不是非得选择这本书，但请务必阅读星新一的作品，学习如何写出精彩的短篇。

02 《伊索寓言》

说起优秀的短篇，就不得不提《伊索寓言》。其中包括《蚂蚁与蟋蟀》《龟兔赛跑》《狐狸与葡萄》《北风与太阳》等作品。

　　实际上，最近令我感到惊讶的是，我和大学生们交谈，发现竟然有人不知道"狐狸与葡萄"和"北风与太阳"的故事。

　　我们那一代人，孩提时代肯定都读过《伊索寓言》。在我看来，如果没有阅读过这样的作品就直接长大成人，那真是太可惜了。

　　相较于星新一的作品，《伊索寓言》用更短的篇幅讲述了令人印象深刻的故事。而且，其中也有很多起承转结十分出色的作品。

　　比如《北风与太阳》，北风和太阳开始争论谁更强，是"起"。

　　为了让旅人脱下衣服，北风使劲地吹，却反而逼得旅人穿上了更厚的衣服。这是"承"。

　　太阳洒下温暖的阳光，使得旅人脱掉了衣服，是"转"。

　　最后得出结论：要想达到目的，说服往往比强制更有效。这是"结"。

　　伊索是公元前6世纪的古希腊人物。据说《伊索寓言》是由他汇总而成的，但现今流传的很多故事，可能都是后人添加的，详情无人知道。

　　但无论如何，《伊索寓言》都是民众口口相传的故事的集大成之作。这一点确凿无疑。

　　因此，它称得上是一部能让我们明白自古以来的人们有多么喜爱寓言的作品。

例如"酸葡萄",现在也用来形容一个人出于对得不到的东西心有不甘而说的逞强话。

如此轻易便能沁入人心的寓言的创作方法,应该也能活用于商务文书。请务必通过《伊索寓言》来学习。

03 《武士的家训》

在《超级阅读术》一书中,我也介绍了《商家的家训——管理者的壮志雄心》这本书。家训确实能使我们获益良多。

这是因为,家训是将自己整个人生中最重要的经验和知识传给子孙后代的东西。**家训会尽量省去无用的东西,只写真正重要的东西,所以家训才会深深打动我们后辈人的心。**

在这次列举的《武士的家训》中,有北条早云、毛利元就、织田信长、丰臣秀吉、德川家康等众多人物登场,堪称全明星阵容。

比如,其中有武田信繁的家训。他是武田信玄的弟弟,是非常优秀的武将。这篇家训的内容即使放在现代,也是非常出色的处世之术。下面就列举若干段落。

一、学问之道,决计不可轻忽。《论语》有云:"学而不思则罔。"

二、万事不可忘"忍"字。昔有"韩信忍受胯下之辱,终为大将功成名就"的故事流传至今，又不乏"因一时之怒而遭杀身之祸"的例子。

　　三、务须注意不犯过失。倘若已经犯下过失，以后便当格外注意，绝对不能再犯。《论语》中亦有"过则勿惮改"和"人非圣贤，孰能无过。过而不改，是谓过矣"之言。

　　由上可见，**武田信繁的家训采用了简洁易读的分条写**。正如前文已经说明的，分条写对于写邮件也很有用，而这篇家训作为这种写法的范本，十分值得我们学习。

　　另外，引用古典也是一个特征。

　　文中更引用了《论语》《史记》等古典作品，使得说服力倍增。**在我看来，这是一篇最大限度活用了"引用力"的极好的文章**。我们在实际写作的时候，可以灵活运用这些技巧。

　　这篇家训的最后写道："这并非应当妄言或向他人言说的东西，倒不如称作遗书。"

　　武田信繁将自己的整个人生凝缩，写进这篇家训之中。可以说，这篇家训有很多地方值得我们学习。

　　此外，还有毛利元就亲笔写下的遗训，也很有参考价值。

　　这是毛利元就写给自己在三支箭的故事中很有名的三个儿子——毛利隆元、吉川元春、小早川隆景的家训。

　　这篇家训也采用了分条写的形式。开篇第一条如下：

　　一、重申多少遍仍只有一件要事，便是尔等须时时用心努力，将来亦令家族之姓毛利长久维持传承，直至子孙后世。

全篇如此开始，后面的条文里还写有"若兄弟三人稍有失和，则三家皆亡""当传此教训直至孙辈"等警示。

毛利元就为何如此迫切地要求三人团结呢？这是因为，他似乎感受到了危机，觉得"没想到自己杀了那么多人，所以报应必将来临，对你们也感到内疚"。

接着，毛利元就讲述了自己从11岁起，每天早晨都会朝拜朝阳，念佛十遍。他还希望三个儿子也能每天早晨如此祈愿。而且，他还希望三个儿子能笃信严岛明神。

这篇家训基本上只讲了三点：规劝三个儿子要团结，要坚定信心，以及自己死后亲族的待遇。

这篇家训，同样的反复重申有很多处，未必能算高明的文章，但毛利元就诉之于强烈的感情，这一点相当出色。

实际上，在兄弟都常相残的战国时代，毛利元就的三个儿子依照家训，一直维持团结，最终顺利渡过了战国时代的激浪。毛利元就这篇诉之于情的家训，无疑为之做出了巨大的贡献。

因为毛利元就深知现实的残酷，所以在向儿子们嘱托后事之际，留下了这样的文章。

由此可见，**比如我们在交接工作的时候，也不能只依赖口头的传达，应当以分条写的形式交代清楚，哪怕只简单地写出**

十条也可以。

自己经历过这样的麻烦，这样做应该可以避免；像这样开展工作，对方必然高兴……只有将这些信息写成文章保留下来，才能作为鲜活的知识积蓄起来。

04 《论文的写法》

清水几太郎 著

在讲授论文写法的书籍中，有一本书的口碑相当高。

一上来就写论文或报告是很有难度的，而该书采用的讲解方法，是先从短文开始，然后逐渐升级。

而且，作为掌握文章力的有效方法，书中还提倡模仿名家的文章。

此外，还有"写文章必须把母语当作外语对待""文章若无人类的创作是无法存在的。文章可以是'作品'，也必须是'作品'"等很多地方都值得学习。

尤其令人印象深刻的，是第六章"赤手空拳去进攻吧"。在这一章，作者阐述了写作是观念的爆发。也就是说，写作应该像不断积蓄能量直至最后爆发一样。

而且书中还写道，在开始写作的时候，应该抛弃自己记忆中的权威言论和众多知识，然后吐露属于自己的东西。

换种说法，就是要有勇气。任何人在写文章的时候都需要勇气，却少有人能做到，所以最后容易依赖于他人和既有的知识。

而一旦养成这种依赖性，就会变得拿不定主意，写不出好文章来，所以自己先要赤手空拳，鼓起勇气，相信自己，让自己的观念爆发出来。大概就像两个相扑运动员一样一对一角力的感觉。

通过这样的写作姿态，文章就会有气势，从而真情流露。光凭这样的文章，就能打动读者的心。

有机会写论文的人，是一定要读这本书的。从内容上，它又适用于一切文章，所以我希望其他人也务必一读。

05 《达·芬奇笔记》

莱昂纳多·达·芬奇 著

06 《达·芬奇手稿与素描》

H. 安娜·苏 编

生活在文艺复兴时期的莱昂纳多·达·芬奇，首先是一位著名的画家，同时还是科学家、发明家，有"全能天才"之称。

这样的达·芬奇是一个会仔细记笔记的人。其大量笔记（并非全部）流传至今，使得我们得以拜读。名垂人类历史的全能天才的笔记，我们竟能购买到书籍阅读，实在是令人难以置信的恩惠。

达·芬奇留下的笔记有一个很大的特点就是有插图。他的笔记中除了文字，还画有草图。包括新发明的工具、飞行器、战车等，非常直观。达·芬奇在设计新工具时，就以草图和文章的形式留下了相关记录。

对于他而言，出色的绘图能力是另一种文字，也成了创意的源泉。

写作的乐趣之一，便在于"创造全新的东西"。

达·芬奇在灵感迸发的时候，在牢牢把握创意的基础上，以语言和草图的形式保留下来。这本书就是清晰展现其非凡努力的手记。

因此可以说，该书教我们明白了富有创造性的瞬间是怎么一回事。

例如，他在手记中如此写道：

> 古人称人体为小世界。这名称实在准确。因为，倘若人体是由地水风火构成，那么大地的肉体也一样；人体内有支撑肉的骨架，世界也有支撑大地的岩石；人体内有血池——其中的肺随每次呼吸而膨胀收缩，大地的肉体也有大洋，亦随世界的呼吸（潮汐）以每六小时的频率胀缩。

人类的肉体在他眼中竟然如此充满活力。除此之外，手记中还有"运动乃一切生命之源"等描述，清晰地呈现出他的人类观和世界观。

另外，他还将女性的发旋与洪水的漩涡联系在了一起，如此想法堪称独一无二。

对于达·芬奇而言，漩涡是非常重要的主题。他留下了大量的漩涡草图，除了水的漩涡，他还画了很多女性的发旋。

依据漩涡这一相同的原理来理解洪水和女性的头发，可以说是达·芬奇特有的想象力。

像这样阅览手记就会明白，无论多么天才的人，都不可能无中生有地产生出杰出的发现和发明。

想要富有创造性，就需要踏实的努力。就连达·芬奇，在有了新发现或新创意的时候，也会通过逐一记笔记来深化思考。

因此，我们也不可能一下子完成重大的创造。必须先经过大量记笔记的工作，不断积累才行。

另外，我希望大家务必阅读达·芬奇笔记的另一个理由在于他那率直的话语。他的一些话语中充满苦涩，似乎人生并非一帆风顺。例如：

可怜啊，莱昂纳多，你为何要如此煞费苦心呢？

正如铁不使用就会生锈，水不流就会发臭，严寒之下会结冰，才能不用也会损毁。

达·芬奇是在慨叹人生的不如意。**连全能的天才也会苦恼，我们因各种事情而忧虑大概也是理所当然的吧。**

另一方面，他的手记中还有许多体现其极高远志向和生活理念的话语。例如：

> 画家不全能就不值得被赞赏。
> 全心付出的一生很长。

可以说，这些话也让我们挺直脊梁，全情投入地面对人生。

能发现如此多的可作为座右铭的语句，也正是这部笔记的精彩之处。

07 《一日一善》

托尔斯泰 著

说起托尔斯泰，那可是写出《战争与和平》《安娜·卡列尼娜》等名作的世界级大文豪。**这本《一日一善》，是他读了别人的书之后，从中选出"啊，这句话说得真好"的部分汇集而成的书。**

例如，阅读边沁的书，他会挑出"人类是根据自己给予他人幸福的程度来增加自己的幸福的"这句话。

阅读马可·奥勒留的书，他会挑出"人类的善德，须有恰如宝石般的性质。无论发生何事，宝石依然璀璨美丽"这句话。

托尔斯泰一直像这样记录读书引用笔记，后来就以《一日一善》为题出版了这本书。该书是"引用力"的典范。

据称，托尔斯泰本人曾说过类似的话："我的著述大概会随时间流逝而被遗忘，唯有这本书定会长留在人们的记忆之中。"

令人惊讶的是其所览书籍的广泛程度。西方的思想书和小说自不用提，《论语》《老子》、释迦牟尼、穆罕默德的言论也不少见。

这本书从哪里开始阅读都行，所以大可放在枕边，睡前翻翻。这样的读法也很有乐趣。

实际上，托尔斯泰本人似乎也希望采用这样的读书方式。他在该书的序文中写道："愿读者诸君朝夕亲近此书，我制作本书所体会到的并且通过日日亲近本书，在为了制作更好的第二版所努力进步的过程中渐渐体会到的崇高和收获的丰硕情感，希望你们也能体会到。"

也就是说，他从令自身获益良多的大量书籍中进一步精选出很多佳句，所以希望读者也能借此洗练自己的心魂。

最重要的是，托尔斯泰本人似乎就很享受这样的读书方式。托尔斯泰死于肺炎，据说在他临终前几天，曾叫陪护的女儿把这本书的 10 月 28 日那一条读给他听。

然后，他呢喃道："都很好，都很简洁……是啊，是啊……"

阅读这本书，确实如托尔斯泰所希望的，可以作为箴言集磨砺自己。**而且，还能学到文豪托尔斯泰挑选名言的标准。**

还有很重要的一点是，**我们能够由此明白，不只读过就算是多么重要。**就连托尔斯泰都曾如此细致地读书，所以我们也必须向他学习。

把自己认为好的句子画线标出，然后抄写下来。如今也可以输入智能手机。这样一来，就能逐渐积累越来越多的写作素材了。

08 《新编课堂作文》

丰田正子 著

这本书就是丰田正子上小学时所写作文的总汇文集。

她是生活在东京平民区的白铁匠家的孩子。尽管家庭贫穷，她却把每天的生活不加矫饰地写成文章，留下了优秀的作品。

当然，我想其中也有教师的指导，但不管怎么说，一个孩子能写出这样的作文，成为一种文学作品，大概没有人会不感到惊讶。

川端康成在这一版本的介绍中所写的下面这番话，强有力地证明了这个小学生的作品的价值。

　　再老练的作家，接触到这个孩子的文章，大概也会自省，更觉有所不及。之所以这么说，是因为从中可见文学故乡的泉源。而且可以认为，不管是怎样的小孩和大人，都应该拥有这种"课堂作文"般的视角，在此基础之上，文学才能成立。不得不说，是少女丰田正子那广大无边的功绩，令我作如是想。

可以说，这是莫大的赞赏。

这种作文，我们应该也都写过。

然而，不擅长写作文的人想必不在少数。一般来说，写是能写出来，但文章总是和其他人的一样……

例如，如果只是写自己在运动会上得了第几名，感到很开心，就很难成为有趣的作品。

在这种情况下，**若能破壳而出，使笔锋触及自己生活的最深处，作文的品质就会一下子发生翻天覆地的变化。**

比如，收录在该书中的《除夕》这篇作文，开篇是妈妈向年末收工回家的爸爸询问他是否从老主顾那里借回钱来了。

爸爸回答，怎么好意思问老主顾借钱呢，然后就有了下面的对话：

"这可怎么办呀，真是的。看你今早出门时那样儿，还以为你肯定有办法，我连开水都烧好了，就等你带回好消息呢。"

"没借来钱就没办法了？"爸爸有些烦躁地说。

妈妈噘着嘴说："那还用说？不然我才不会叫你这么无趣的人去讨好人呢。"

"你啥意思？"爸爸动了动小指。

"就你这么不会办事儿的人，有谁肯在除夕借钱给你啊。"

这段对话读起来实在太有趣了，活生生就是一出落语[1]。
在日常生活中，隐藏着许许多多有价值的真实。
要挖出这些真实，然后记住并记述。

要想打动人心，没必要采用特殊的写法。首先要做的，是发现日常生活中的某些特别的东西，把它们挖掘出来，然后记住并记述。

写得越自然随意，文章就越通俗。也就是说，作者的叙述方式贴近大众，内容自然容易引起读者的共鸣。而能从日常生活中挖掘出多少真实，文章的有趣程度将大不相同。

在本书的第 2 章中，我已说明了"发现事物的能力"在

---

[1] 落语是日本的传统曲艺形式之一，类似于中国的相声或说书，风格搞笑幽默。——编者注

写文章时的重要性。使用"新发现力",即便是小学生也能写出非常优秀的作品。

从孩提时代的丰田正子的文章当中,我们这些大人能学到很多东西。

此外,大关松三郎上小学时所写的诗集《山芋》,还有山形县山元村中学的孩子们在教师无着成恭的指导下所写的作文和诗文集《山彦学校》等,都是很有价值的书。只不过现在已经很难买到了。

09 《樱桃小丸子》

樱桃子 著

作为从日常生活中发现某些特别东西的成功之作,《樱桃小丸子》就是一个很好的例子。尽管这是漫画作品,但作为随笔去读,也有很多值得我们学习的地方。

这部作品是作者樱桃子女士以自己的小学时代为原型而创作的漫画。

尽管故事情节中不乏虚构的元素,但作者仍记得许多孩提时代的细节,并能很好地描绘出来,其能力之高令人叹为观止。

这种将每个人都曾经历过的日常生活精心拾起的能力,成就了她的写作能力。

我比樱桃子女士年长一点,在静冈出生长大,这部作品令我想起自己的孩提时代，不禁感慨万千。

书中的樱桃小丸子称呼身边的人为"你这家伙"，在静冈确实都这么叫。这部作品里包含了这样的方言元素，囊括了唤起读者怀念之情的素材。

还有极富个性的同学们，如密友小玉、想当班长的丸尾、阔少爷花轮……不管在哪个班级，肯定都能见到这样的小孩。

所以说，我们原本也拥有足以写出《樱桃小丸子》这种作品的经历。

樱桃子女士凭借着她那从普通的日常生活中"发现新事物的卓越能力"，拾取收集了很多沙金般闪闪发光的趣事，最终完成了《樱桃小丸子》这部光彩夺目的作品。

这部作品被拍成动画片，已是25年前的事了，可是作为日本无人不知的国民作品，直到现在它依然受到大众的喜爱。

很多年轻人或许爱看动画片，但是不会去读原著漫画。请务必回头看一看原著漫画。若有可能，还请一并读一读她的随笔作品。

我们应该认识到，在人人都经历过的日常生活中，随处可见大量光辉熠熠的宝石，而樱桃子女士的这部作品，就是帮助我们理解这一点的最佳教材。

此外，作为日本国民作品而长期备受群众喜爱的《海螺小姐》（长谷川町子）等作品，同样具备了卓越的"发现新事物的能力"，也有很多地方值得我们学习。

10 《龙马的信》

宫地佐一郎 著

我以前出版过一本书,是将坂本龙马信中的若干内容译成口语的《这样就能读懂的龙马的信》。写这本书的时候,我仔细通读了龙马的信,当时就对其精彩程度钦服不已。

在我看来,龙马的信是比日本人曾经所写的任何书信都更自由且优美的作品。即使仅从"写作"的角度去看,坂本龙马也是足以名留青史的人物。

普通的信容易落入固定形式的窠臼。这样一来,写信者本人的真正心情很难抒发出来,于是就会显得有些无趣。

而龙马的信,不仅十分擅用比喻,表达方式也很多样。

例如,他在文久三年(1863年)三月写给姐姐坂本乙女的信,就是从如下内容开始的:

> 呜呼!人生一世,向来难解,运蹇之人,出浴而撞碎睾丸死者亦有。

接着又说,比起那样的人,他自己的运气很好,竟然成了日本第一人胜海舟的弟子。

在两个月后寄给乙女的信中,他又报告自己以胜海舟弟子的身份受到了贵客般的礼遇,对于获得认可的自己,他径自用了"颇为得意"的说法,并在文末以"犹更得意"结束。

又过了一个月,在寄给乙女的信中,他写下了著名的"看我今日荡涤日本"。

在庆应二年(1866年)寄给乙女的信中,他报告了自己在寺田屋被幕吏袭击所受的伤已经痊愈,所以和妻子阿龙一起去了鹿儿岛旅行。尤其值得一提的是,他在一张很大的纸上,将自己和阿龙所登的雾岛山画了下来。附有绘画的新婚旅行报告,清晰地体现出龙马的快乐模样。

光是读信就能看出,龙马是能够开放自己的心胸,令他人感到快乐的人。这样的人物如果活到现在,必定魅力四射,轻易就能打动人心。

一般人很难写出如此率直表达自己内心的信。从坂本龙马的信中,我们能学到很多东西。

说到信,我还很欣赏野口英世的母亲鹿写的信。在我看来,这是"非美文而是名文"的代表之作。

下面选出一部分来介绍。在她寄给在纽约从事研究工作的英世的信中,洋溢着"希望尽快回家"的母爱。

快回来吧,

快回来吧,

快(回)来吧,

快回来吧,

这（是）一生的恳求。

我已经朝西方里（礼）拜，

我已经朝东方里（礼）拜，

我已经朝北方里（礼）拜，

我已经朝南方里（礼）拜。

尽管文章中多有错字、漏字，却能深深地打动人心。铅字已经十分有气势了，但实际读信，加上笨拙的文字，更能动人心弦。

我认为，这封信洋溢着语言的原始的力量。

这封信教我们知道，即便是拙劣的文章，也能强烈地震撼人心。

11 《古事记》

作为商务人士，有机会还是应该读一读《古事记》的。

通过读这本书，我们应该能有各种发现。以日本著名的天石屋的故事为例。由于须佐之男命过于胡作非为，他那身为太阳神的姐姐天照大御神便躲在石屋内不出，于是世界陷入了彻底的黑暗。

为难的众神为了让天照大御神从石屋里出来，就设计让天宇受卖命跳起舞蹈，通过"八百万众神哄堂大笑"，引起了天照大御神的兴趣。

天照大御神将石屋的门推开一条缝,开口问道:"我躲进石屋,世界想必已变得一片黑暗,为何天宇受卖命还在作乐,八百万众神也齐声欢笑呢?"

天宇受卖命答道:"因为有比你更尊贵的神莅临,所以大家才如此欢笑玩乐。"众神事先准备的镜子,以及藏在门旁的力大无穷的手力男神都发挥了作用,使得天照大御神最后终于走出了石屋。

说起文字,在只有从中国传入的汉字的时代,口口相传的故事只能像这样抄录下来,因此读解十分困难。而我们现在能以如此平易近人的形式阅读《古事记》,多亏了本居宣长的解读。本居宣长曾与解读《万叶集》的贺茂真渊见过一面。当时还年轻的宣长说:"我想研究《古事记》。"真渊告诉他:"我也曾认为《古事记》非常重要,但《万叶集》的研究已经用尽我的一生,所以《古事记》的研究就拜托你了。"

后来,由本居宣长所作的研究巨著《古事记传》问世了。直到今天,这本书仍是研究《古事记》的基石。

12 《枕草子》

清少纳言 著

提起优秀的随笔,可少不了清少纳言的《枕草子》。**这部**

作品教我们知道，将自己觉得"这个很有趣！"的事情写下来，是随笔的出发点。

卷首的那句"春在曙"，有很多人都听过，但清少纳言这么写，并不是因为春天以拂晓最美是约定俗成的普遍看法，而是清少纳言自己规定的。

春天以拂晓为最美。天色逐渐泛白，山缘如镶亮边，泛紫的云缭绕如缕，景致绝美。尽管写得很简洁，但读者能在脑海中浮现出如画般的风景。

接下来，她又干脆地断言，夏天最喜欢的是夜晚，秋天最喜欢的是黄昏，冬天最喜欢的是清晨，叫读者不由得感叹"原来如此"。

清少纳言在这部《枕草子》中所表现出的"发现新事物的能力"，真的相当杰出，其敏锐透彻之程度，在整个日本文学史上亦无人可与之并肩。那么，**她为何能把文章写得如此自然清爽呢？我认为，原因在于她是根据自己的好恶来判断事物的。**

她自己心里有着明确的好恶，所有判断均出自于此，所以文章才写得那样清爽利落。

例如写山，就有小仓山、鹿背山、三笠山……例如败兴之物，就列举了白天吠叫的狗、春天的鱼梁、三四月的红梅衣……

叫人感觉心灵充实的是这个、这个和这个！令人感到美不胜收的是这个、这个和这个！这就是她的写作风格。

像清少纳言这样直述自己思想和价值观的人，在如今的博客和 SNS 上并不少见。即便如此，却没有一个人能如她一般，拥有如此清楚的价值观并能一一列出。

在我看来，清少纳言即使生活在当代，也会迅速成为极受欢迎的作家，或是富有魅力的博主，或是电视评论员。

《枕草子》教我们知道，即便只是像这样一一列举自己的好恶，只要具备卓越的"发现新事物的能力"，就能写出传世名作。

13 《徒然草》

兼好法师 著

在我看来，《徒然草》是日本古典文学当中最能直接帮助到当代人的作品。

阅读这部作品，我们能从一个个趣闻逸事中学到教训，并由衷感叹："确实如此啊"。

时代是镰仓时代，该书并没有写什么特殊的体验，而是从当时人们的日常生活中提炼出有趣的故事，而且包含着劝诫意义。因此，它能跨越时代的隔阂，使得我们也能乐在其中。

例如第五十二段的仁和寺法师前去参拜石清水八幡宫的故事。故事很简单：长年以来，法师从没去过石清水八幡宫，后来终于起意前行，却只在山脚参拜了两座寺庙，回来后说道：

"可是，有很多人在登山，那是怎么回事呢？"

大家为什么要登山呢？因为正殿就在山上。因此，故事最后用"小事亦需先导"这句总结之言收了尾。

这个故事只有二百字出头，却充满趣味，令人获益匪浅。

还有更短的，比如第八十八段的故事，不到一百三十字。

这个故事讲的是，有人持有书法名家小野道风所写的《和汉朗咏集》，但是被别人指出，《和汉朗咏集》出现于小野道风死后，所以根本不可能是小野道风所作，此人却说"正因如此，才是世所罕见的珍品"，遂愈加珍藏。

故事虽短，却格外有趣，引人发笑。

第一百二十七段等故事，与其说是随笔，不如说是格言，只是表达了"改之无益，莫如不改"的道理。然而细细思之，即使改变也没用的东西，确实还是不变为好，可见这个故事深有内涵，也很有趣。

尤其是第九十二段，奉劝新手在练习射箭时，应该把全部精力集中在一支箭上，不要拿两支箭的故事，令我深受影响。

我平时打网球，网球在发球时可以允许一次失败，所以在练习网球的时候，我通常会带两个球，但自从读过这个故事之后，我就只带一个球了，每回练习发球，我都当作只有最后一次机会。

由此可见，《徒然草》中含有许多能够应用到日常生活中的东西。我想，这大概是《徒然草》本身即是兼好法师在日常生活中的所见所闻的基础上创作出来的缘故吧。

如果我们在每天的生活中也听到了有趣的故事,并且将之写成短文,若能如此积累,即可成就自己的《徒然草》。

另外,**我认为《徒然草》的形式也值得参考。故事分得如此之细,就无须花时间进行归纳了。**所以,写起来会非常轻松。

最重要的是,《徒然草》的优点是闲来无事随意写写便好,所以稍有空闲即可创作。

我们若能用笔记本或智能手机随意记录日常生活中的琐事趣闻,到了需要写东西的时候,就丝毫不会苦于找不到素材可用了。

14 《奥之细道》

松尾芭蕉 著

15 《芭蕉入门》

井本农一 著

松尾芭蕉的《奥之细道》,也是务必一读的书。

我为什么推荐《奥之细道》呢?**因为我希望大家能学到边旅行边记录文章的重要性。**

踏上旅途,便会邂逅。既会遇见人,也会遇见风景。芭蕉只要在旅行的地方遇见令其印象深刻的事物,就会创作俳句,将自己当时的体验和感想凝缩成区区十几个文字。

例如,他在平泉的游记,是以"三代荣耀一梦中,大门遗迹近在一里外"开始的。

意思是说,奥州藤原氏三代荣华亦有尽时,宛如一梦,一里之外便是已成废墟的大门遗迹,近在眼前。

藤原氏的住宅已成田野,源义经主仆二人曾经据守的高馆,如今唯余荒草丛生。芭蕉坐在那里,沉浸在怀旧的泪水之中……如此写下旅行体验后,那句著名的"萋萋夏草盛,不见昔日旧豪杰,梦醒空余名"便问世了。

后来,去参观中尊寺的经堂和阿弥陀佛堂的芭蕉,眼见昔日建筑皆受风吹雨淋而腐朽消失,唯有此壮丽二堂得存,不禁深有感触。

这一次,他吟出了"淅沥五月雨,几番来去带不走,阿弥陀佛堂"的俳句。

芭蕉以日记风格记述旅途中的所见所闻,然后用俳句收尾。通过这样的结构,我们能很好地领会到芭蕉在咏诵俳句时的心情,也能体会到更深的韵味。

如果只是抒发"平泉的遗迹几乎都已朽败"或"阿弥陀佛堂真漂亮啊"等感想,是没有任何价值的。他追忆历史,通过吟咏"仿佛只有这里不曾下过梅雨",生动地描写了阿弥陀佛堂的非凡之处和其他建筑的朽败模样。

芭蕉等人的旅程波折起伏,他们过了平泉,遭遇狂风暴雨，不得不寄宿于山中民家，在"虱蚤满屋窜，马尿之声频入耳，独枕却不孤"的环境下入睡。在山形的立石寺，他吟出了"我心入寂静，声声蝉噪不复闻，石中方可寻"这一代表作。

接着，芭蕉一行前往最上川，遂诞生了"聚拢五月雨，助得涛怒水流急，便是最上川"这一俳句。

人在旅途，必然有所遇见，有所发现。因此，通过旅行遇见各种各样的事物，定能写出大量的精彩文章。

16 《青年数学家的美国》

藤原正彦 著

旅行可以成为写文章时的优秀题材，这样的例子并不少见。我还想再举一例，便是这本书。

该书是日本数学家藤原正彦以自己作为密歇根大学研究员前往美国留学时的经历所写的随笔，还获得了日本随笔作家俱乐部奖。

我年轻时读这本书，就被它深深吸引了。

内容讲的是，藤原起初居住在美国五大湖畔，后来渐感心情忧郁，患上了思乡病。于是，他打算换个地方疗养，便去了南方的佛罗里达州，在那里遇见一个小女孩，心灵得到治愈，最后在别人的推荐下成为科罗拉多大学的副教授……

这是在日本无法写出来的故事。**留学生活令他感到寂寞沉**

重，每天的情绪都极不安定。一个人越是在这种时候，才越能写出好东西来。

因此，在旅行的时候，请务必将当时的经历记录下来。即使没时间当场写出精彩的随笔，只要留有记录，以后肯定也能写出来。

也可以反过来说：若以写随笔作为标准，就得有所遇见才行。

我上课时经常要求学生们写随笔。人数较少的时候，我每周都一定会要求所有人写随笔，然后让大家在十分钟内读完别人的作文，再写下自己的评论。

这样一来，学生们每个星期都得有所收获才行。于是，大家就会自发地行动起来，有人去看戏剧，有人读了本书，还有人谈了恋爱。

而且，学生们还得写出感受，所以他们能够深入思考这些经历的价值和意义。

我想，能像藤原正彦一样作为研究者去往美国的人并不多。

即便如此，为了了解通过记述个人经历能够创作出如此优美的随笔这一事实，也请务必一读。

藤原是个数学家，他却写道："一切智能活动的基础在于国语。"有此记述的《祖国即国语》，以及他与因创作《博士所爱的方程式》等小说而闻名的小川洋子合著的《大美数学入门》等，都是很好的作品。

这本《大美数学入门》提出，数学与俳句非常相似。

进而展开论述，数学和俳句均是唯有美的感觉方能孕育而生，日本之所以有许多优秀的数学家，正是因为日本文化是能够培养出俳句的美好文化。

17 《罗素论幸福》
伯特兰·罗素 著

在作为哲学家和数学家而大放异彩的伯特兰·罗素所著的《论幸福》一书中，充满了数不尽的非凡智慧。

优秀的书籍能带给我们很多启迪。通过多角度地思考这些启迪，并以自己的方式加以扩展，那么获得足以写出一本书的积累是完全能实现的。

难得说起了《论幸福》这本书，接下来我们就简单地看一看，罗素是如何理解无聊的。

他提出"一定程度的无聊因素是人生不可或缺的成分"，并断言"战争、虐杀、迫害都是逃避无聊的部分体现""人类的罪过至少有一半起因于畏惧无聊"。

话虽如此，罗素并不觉得无聊就一定是坏的，他认为无聊是成长所不可缺少的，尤其在孩提时代，无聊非常重要。关于无聊的对立面"兴奋",罗素指出"兴奋过度的生活会消耗身心"。

罗素得出结论:"在一定程度上拥有忍耐无聊的能力,对于幸福生活而言是必不可少的,是年轻人应该学习的一件大事。"

罗素还指出:"自古以来,举凡伟大的生涯,无不包含了无聊的期间。"

对此,罗素列举了几个具体的例子,如康德一生始终居住在柯尼斯堡附近,达尔文周游世界后一直待在家里,马克思在大英博物馆度过了很长一段时间,等等。

如何?**就篇幅而言,罗素关于无聊的思考十分短小,但其中却蕴含着许多值得学习的发现。**

通过大量阅读这样的古典作品,我们的写作能力定能实现飞跃性的提升。

还有一点应该特别指出的是罗素的行文风格。**每一句话的表意都很清晰,即使经过翻译,理解起来也很顺畅。**

我与罗素的文章相遇,是在念高中的时候。在学习英语的过程中读到罗素的文章,我的心灵受到了强烈的震撼,只觉得"啊,这是多么美丽的英文呀"。于是,我便购买了罗素的英语书,开始细细阅读,品味其中的妙趣。

最后,当那些句子在英语题中出现的时候,即使没有标明出处,我也知道那是罗素的文章。

罗素的英语文章逻辑严谨，极富美感。在英文造诣较深的人读来，其含义可谓一目了然。我深刻地感受到，聪慧的人连写文章也如此准确规整，不禁油然生出"啊，我找到了学习英语的意义"的感谢之情。

还有一点要说的是，**反复阅读罗素那样的优美英语，并将之译成母语，能够很好地锻炼你的母语水平。**

对英语能力有一定自信的人，请务必尝试将罗素的原文译成母语，哪怕只是一章也好。完成翻译的那一刻，你的母语水平定能提升数个段位。

18 《常常考到的英语名段》

原仙作 著，中原道喜 补订

我希望大家能读到更多的英语美文，所以我还想推荐一本书，就是这本《常常考到的英语名段》。这是高中生使用的英语习题集。

这本书中收录的英文是大学出题用过的文章。该书将那些短小的英文汇集到一起，添加了解说，使之更易阅读。

我上高中时用过这本书，深受感动，觉得"啊，文章真是太美好了"。

其中当然收录了罗素的文章，另外还有弗吉尼亚·伍尔芙、赫伯特·里德、E. M. 福斯特等文学界赫赫有名的人物的文章。

而且，学习如何翻译该书中汇集一堂的名文，还能体会到译文的精妙之处。书中提供了训练：针对这种风格的英文，在理解这种句法和文章结构的基础上，像这样翻译。

归功于此，我的英语自然变得得心应手起来，而文章也逐渐变正确了。通过优秀的习题集学习英文理解的同时，还能训练写作。

如果你想重新学习英语，请务必使用这本书。由于你所使用的英文尽是名文，洋溢着教养的芳香，所以还有助于你养成良好的教养。

当时我真的是将原仙作先生的这本《常常考到的英语名段》当作"标准"看待的，现在想来，准确地讲，它是充分汇集了英语文学杰出作家最佳文章的一本书。

我是教育学家，所以有机会看到各种各样的英语习题集。市面上有许多锻炼英文理解能力的书，但如此富有教养的习题，在当前面向日本东大考生的习题集中亦未曾出现过。

因此，我希望你能通过使用这本书尝试翻译英语名文，强化英语能力和写作能力，同时还能强化教养。

总之，这是一本能让你在大学考试时庆幸自己做过同样习题的好书。这是最棒的英语书，能令你大有收获。

19 《谈谈方法》
笛卡儿 著

前面的章节中已经反复讲过，我商务人士在工作中所使用的文章，应该更注重实用性。

孔子曰："辞达而已矣。"也就是说，语言的目的是向对方传达自己想要传达的意图。

实践"辞达而已矣"时可供参考的，就是哲学家、数学家笛卡儿的文章。他是非常善于将自己的思考落实为高透明度的文章的人。

笛卡儿在《谈谈方法》中，如下阐述了自己是如何思考事物的。

> 构成逻辑学的规则繁多，数之不尽，但我相信，只要坚定不背离这些规则的不变决心，那么只掌握以下四条原则足矣。
>
> 第一条是，凡是我没有明确认知的事物，我决不把它当成真的接受。换言之，就是要小心避免武断和偏见，除了清晰明确到全无怀疑余地地出现在我精神中的事物之外，都不包含在我的判断之内。
>
> 第二条是，将我所探讨的每个难题尽量分成更好地解决问题所恰好必要的多个小部分。

第三条是，按照顺序引导我的思考，从最简单、最容易认知的对象开始，一点点升级，直到认知最复杂的对象。即便是相互之间本无前后顺序的对象，也给它们设定一个顺序。

　　最后一条是，在任何情况下，都要进行全面的列举和整体的复查，确信无一遗漏。

就像这样，笛卡儿将自己的思考原则凝缩成了四条。凝缩成四条原则这件事本身就很了不起了，同时还应注意到其文章的简明易懂。通过第一、第二这般列举，使文章变得非常易读。

凝缩到必要的最小限度再提出。这是数学的做法。笛卡儿用法语完成了记述必要且充分内容的写法。

我让我的学生们在大一时阅读《谈谈方法》。以日本而言，笛卡儿生活在战国时代到江户时代，但读一次就会发现，他的书真的是太好懂了。

其易读性为何能够超越时代呢？这是因为，笛卡儿非常聪明，能写出透明度高的文章。他凝缩要素，就像写数学答案一样写文章。

数学性的记述，最终成为其文章中最准确、最有效率的写法。

实际上，向 a，b，c 等字母表靠前的字母代入已知常量，向 x，y，z 等靠后的字母代入未知数，再在字母左侧添加系数，在字母右侧添加 x^2 这样的乘方数，这种我们非常熟悉的方程式表示法，正是笛卡儿发明的。

方程式是语言的简单形式。

说起来，日本东京大学的数学教师曾向大学考生提出这样的建议："我希望你们写数学答案时，不要罗列方程式，而是能用文字写出你使用该方程式的意图。"

这就是让他们用文字来说明数学。而在使用语言说明数学的时候，应该反过来意识到，可以采用数学性的说明。

那么，为了写出好文章，是不是就必须使用数学呢？可是当前很多人都做不到。因此，**应该像笛卡儿一样，通过严密的思考，凝缩要素，做好笔记，然后再开始写。这一点至关重要。**

如果这样写出来的文章内容还不清晰，问题大概就出在凝缩要素这一准备工作做得不够。

因此，我正在考虑叫大一学生向笛卡儿学习如何做好准备工作。**我希望通过这样做，他们能像笛卡儿一样，写出的文章不管翻译成哪种语言，在表意上都毫无破绽，也就是文章具有高透明度。**

好了，前面说的是笛卡儿的文章的写法，而在内容上，笛卡儿的《谈谈方法》也很有趣。

书中极为细致地记述了笛卡儿本人的人生。笛卡儿因"我一从教师的附庸身份解放出来，便立刻彻底放弃了文字的学问

（人文学）。而且，我决心今后只探究也许能从我本人或是世界这本大书中发现到的学问"而踏上了旅途。

他成了士兵，奔赴战场，还和各种各样的人产生交集。通过这些经历，他获得了这个世界的常识。

由此可见，笛卡儿真是一个有冒险心的大胆之人。他在这样的人生末期所写的《谈谈方法》，还是很有说服力的。

该书中出现了一个在森林里行走之人的故事。那人走在森林里，不知不觉间迷了路，便改变了前进的方向。而他又因为迷茫，再次改变了方向。这样一来，他就只能一直在森林里一圈圈地彷徨。

笛卡儿认为，如果那人能够彻底思考一番，下定决心朝一个方向前进，至少走出森林是不难的。也就是说，要先深思熟虑，而后果断实行。

书中写道，他认识到应该这样做之后，就"从一直扰乱良心的所有后悔和不安中解放了出来"。

笛卡儿这位天才思索了数十年后才弄明白的许多重要的事情，统统汇集在这样一本书中。他将庞大的东西经过凝缩，写得恰到好处，使得这本书分量极重。

因此可以说，笛卡儿的《谈谈方法》无论从笔法或内容来看，都是十分优秀的作品。

若以日本作品而言，我认为宫本武藏的《五轮书》与之非常相似。

因为在《超级阅读术》的最后一章也曾提到该书，所以这里只做简单的说明。在这本书里，宫本武藏终其一生所抵达的究极奥义，被归纳成了"兵法三十五条"。其中有眼神、情绪、该如何出刀等事项，并且说明非常紧凑。

掌握这样的究极剑意是相当困难的。宫本武藏的文章无一处不是短小精干的，通篇毫无废话，却能窥见其丰富无比的经验。

原本是剑术秘籍中写的究极奥义，但更进一步深究，它就会变得抽象，倒不如说更像是诗。

大多数秘籍都爱使用禅语，显得过于简单，疏于技巧方面的内容。

而宫本武藏的《五轮书》，连技巧方面的内容也写得非常详细。这一点是宫本武藏的过人之处。也就是说，他没有遗漏要素，所以尽管每篇文章都很短，却足以让读者领会其中的含义。

所以说，**笛卡儿和宫本武藏的文章非常相似，语句经过推敲，简明扼要，既不过分，又无不足。**

很偶然的是，法国的笛卡儿生于 1596 年，逝于 1650 年。

日本的宫本武藏生于 1584 年，逝于 1645 年。

也就是说，二人逝世的年份只差了 5 年。在同时代的日本和欧洲，生活着两位文章极为相似的写作高手。

可以说，这两本书都是必读书籍，能让我们很好地理解写作是怎么回事。

20 《怪谈之牡丹灯笼》

三游亭圆朝 著

三游亭圆朝是生于幕末天保十年（1839年），死于明治三十三年（1900年）的落语家[2]。他从7岁就开始在曲艺场演出，于安政二年（1855年）得了圆朝这个名字，晋升为压台演员。

这部《牡丹灯笼》是圆朝自己创作的怪谈落语。故事讲的是，死后化作幽灵的旗本之女，每晚都会去找坠入情网的年轻人。是时，幽灵便会踏响木屐，挑起牡丹灯笼。

至于这部作品为何重要，是因为它在明治时代的言文一致运动中起到了很关键的作用。

所谓言文一致运动，就是日本当时力图缩小书面语和口语之间差异的运动。日本当时的书面语格外生硬，以之表现细致的感情和思想十分不便，于是就兴起了这一革新运动。

二叶亭四迷的小说《浮云》，被认为是言文一致运动的滥觞之作。

《浮云》是日本文学史上十分重要的作品，而二叶亭四迷在写这本《浮云》时所参考的，正是三游亭圆朝的落语的速记录。

---

[2] 专门从事落语演出的人。——编者注

当时，有人专门将知名落语家圆朝的单口相声速记下来，再成书出版，读者们都觉得"啊，这书真好读"。其中一人就是坪内逍遥，在他的推荐下，二叶亭四迷以之为参考写了小说。

因此可以说，如果没有三游亭圆朝的落语，从明治时代到当代的日本文学历史也就无从谈起。

此外，夏目漱石等人也非常喜欢落语，所受影响颇深。例如《少爷》等作品，可以说其写作风格就是落语式的。

21 《田野调查·被遗忘的村落》
宫本常一 著

22 《远野物语》
柳田国男 著

虽说日本的落语是全凭口语的一种文艺，但也有书是专门将落语听写记录下来的。例如《田野调查·被遗忘的村落》，就是日本民俗学家宫本常一走遍日本全国，将各地的习俗和古老传说汇集而成的书。

在他的耐心打听之下，当地人就像"你能听我们絮叨这么久，那就告诉你个秘密吧"一样，给他讲起罕为人知的故事，然后他就记录下来。

例如，有个关于村子集会的趣闻。

宫本常一拜访对马的伊奈村，向老人打听得知，村里有个自古传下来的账簿箱，里面放有古文书。他原本拜托区长借他一观，当场誊录，但因为文书数量很多，他便请求暂借一段时间。

恰逢村里正在召开集会，而这件事只能在会上决定。宫本常一便从一大早开始等结果，可是直到下午三点也没等到通知。

宫本常一去集会的地方一看才知道，尽管这件事一早就已多次提出，但由于还有许多其他议题，所以仍未敲定。议题并不是依序处理的，轮到讨论古文书的话题时，就有人提出"以前，我把家里的贵重物品借给别人，对方至今仍未归还"的发言，于是人们就开始讨论与之相关的事情，然后又拐到了别的话题上去。

过了一会儿，又回到古文书的话题，这次有人提出"既然是从来没人读过的东西，借出又有何妨"，其他人便又唠起了家常，说把家里的东西给别人看会有好运。

就这样经过漫长的会议，终于有个人说："这人看起来不像坏人，我们快些决定吧。"宫本常一也针对古文书的内容做了说明，这才获得了参会人员的一致赞成，才能够借到这本书。

关于这次集会，宫本常一描述道："所有人都能像这样讲述自己的经历和见闻，每个人都有机会发言，这确实有助于维持村里生活的秩序，加深村民之间的团结，但与此同时，这也给村子的进步造成了不少的障碍。"

由此可见，宫本常一的研究对象不仅仅是历尽辛苦才得以誊录的古文书，还有当时亲身体验过的集会体系。

就这样，宫本常一凭借自己的双脚和双耳，大量收集了那些再不记录就会消失的民众的生活和感觉。

本来，日本民俗学的滥觞之作《远野物语》，就是通过听写记录成书的。

这本书里的故事，是从岩手县远野的一个名叫佐佐木喜善的人那里听来的。内容多样，从座敷童子、天狗、河童等妖怪的故事，到狼、熊、狐狸等动物的故事，再到村中的祭祀和习俗等。

听写记录这种表现形式，是保存正在逐渐消失的文化的非常有效的手段。比方说，将祖父母的故事听写记录下来，就能获得许多关于自己祖先的新的认知。

这些书既是民俗学的代表作品，又是听写记录这一表现形式的代表作品，所以很值得了解。

23 《冰川清话》

胜海舟 著

下面再举一本通过听写记录而成的书。

这本书是将胜海舟的谈话经口述笔记后印刷而成的。

其中，我最先阅读的是人物点评。尤其著名的是"天下至今我见过两个可怕之人，便是横井小楠和西乡南洲"那部分。西乡南洲就是西乡隆盛。胜海舟认为，若论思想的深度，横井当仁不让，至于执行力，则数西乡傲视同侪。

关于西乡，坂本龙马曾言："成程西乡这家伙，实在难以捉摸。敲一下响一声，敲得越重，响声越大。说他愚笨，他就是个大蠢货，说他聪明，他就是个大智者。"这一著名逸闻，在这本书中也有提及。

正因为有西乡隆盛和胜海舟这两个大人物的谈判，在眼看就要陷入火海的紧要关头，江户才能顺利实现不流血的开城。

关于二人谈判的那一段，当时上中学的我觉得"啊，日本历史的车轮正是在这些伟人的碰撞推动之下滚滚向前的，真想成为那样的人物啊"，反复读过很多遍。

这本书的特点是，其中充满了许多生活态度、人生训诫和处世智慧。例如：

政治家的秘诀无他，唯在"正心诚意"四个字上。

一个人的百年，大概仅相当于国家的一年。因此，揣着个人的短见对国家大事操之过急，是很不好的。便是德川幕府，不也在山穷水尽后仍延续了十年吗？

政治不是只讲道理的。非得亲赴实地，仔细观察人情世态，熟知事情的来龙去脉不可。

  每遇危难当头而无路可逃之际，吾必先决意舍命，然却从未死去，委实不可思议。其中当存在精神上的一大作用。

如此，读来只觉心底涌起一股气力，自己也想努力成为一流的人。

该书的口述笔记这一形式，也能活跃氛围。从这个意义上讲，这种写法很有价值。**幸亏《冰川清话》是以口述笔记的形式写成的，我们才能跨越时代，通过文章感受胜海舟实际的讲话方式和氛围。**

节奏出色的文风和鼓舞人心的内容，使它成为值得阅读的一本书。

24　圣经《新约》

在圣经中随处可见耶稣的振聋发聩的言论，这里暂且从中选出若干名言。

  汝等当闻"以眼还眼，以牙还牙"之言。
  我告汝等知，勿抵抗恶者。
  人若掴汝右颊，当以左颊向之。

诉苦欲求下衣者，并以上衣予之。

　　人若迫汝走一里路，当与之同行二里。

　　落难有求者予之，因事借贷者勿拒。

"以眼还眼，以牙还牙"是《旧约》"摩西戒律"中的话（原本出自《汉谟拉比法典》）。耶稣却说，不要抵抗坏人，如果右脸被打了，那就伸出左脸。

也就是说，耶稣禁止报复。使徒彼得提问："对于冒犯自己的人，可以原谅多少次？七次吗？"耶稣回答：原谅对方"直到七次的七十倍"。

　　人非独赖食物而活，但凭神口所出之一切言。

这是耶稣对恶魔说的话。耶稣受过洗礼后，于荒野断食40个昼夜。恶魔对饥肠辘辘的耶稣说："汝若为神子，可命此等石化饼。"此时，耶稣做出了如上回答，人不是只靠食物活着，而是因神的话而活着。

　　虚心者得幸福，因天国为其所有。

这是耶稣在山上说教的一节。接着，耶稣又说了"哀恸者得幸福，因其必得安慰""清心者得幸福，因其必见神"等七种幸福。

最后,他又说:"因我而受辱骂、迫害,因捏造之事而遭恶言毁谤时,汝等将得幸福。当欢喜,因天必有大酬。"

观空中之鸟,不播,不刈,不收粮入仓,然汝等之天父亦养之。汝等岂非远胜之乎?

这句话跟在"毋须忧虑己之吃穿"的后面。内容是说,天上的鸟既不播种,也不收获,不收粮入仓廪,神仍养活它们,所以你们也没必要忧虑。

就这样,**耶稣所说的每一句话都变成谚语保留下来,一直作为名言被广为引用,真的很了不起。**

通过将具有极大力量的耶稣的话译成文言文阅读,我们能够领会谚语般的"语言的品格"。

这是一本文章本身就很出色,内容也能令人受益的书。请务必仔细阅读。

25 《小野啊》

内田百閒 著

说到大人读之有益的文章的作者,就不能不提内田百閒。

这本《小野啊》是一篇随笔,记述了作者宠爱的猫儿小野再没回家以后的事。

> 我无数次回想，小野睡在浴室里的澡盆盖上时，我总是走过去抚摸它的脑袋，给它的下巴颏抓痒。我一叫小野啊小野啊小野啊，它就把喉咙弄得咕噜噜响，并且探来下巴。我将脸顶在小野头上，一边叫着小野啊小野啊小野啊，一边回忆当初它从如今已经不复存在的低矮仓房的屋檐上跳下来的场景，就觉得可爱得简直受不了。或许它不会再回来了？

作者通过如此详细地描写小野还在时的可爱模样，凸显了小野不在的悲痛之情。此外，通篇都是今天去哪儿寻找了、今天睡前想起小野泣不成声之类的记述接连不断，就像每天写日记一样。

内田百闲不光依靠自己找，还在报纸上打了寻猫广告，又在街头发传单，折腾个天翻地覆。对他来说，小野大概就是那么重要的存在吧。

写文章时，自己养的猫狗会成为铁定的主题。 我的一个朋友，就曾把狗的照片上传到博客，还刊登了仿佛是狗所说的台词，最后直接出书了。

我认为，像这样写自己喜爱的事物，是写作的基本。 或许有人会批评说，这样做就像溺爱子女的糊涂爹娘一样无聊，可是在我看来，既然能在博客上免费公开，那么只要自己觉得满足就好。

以前，只有很少一部分人才能出书，而如今则是一个了不起的时代，托互联网的福，我们可以自由地写自己喜欢的内容并发表。

可以试着写自己家的猫今天做了这样那样的事，还可以配合照片一起写。这样做能记录我们与心爱之物共度的时间。

关于这一点，我以前曾担任美国大都会人寿保险公司主办的"那是黄金时代！摄影散文"征稿比赛的评审。这项比赛就是选出一张自己黄金时代的照片，并配上短文，一同参选。

审查时，最先吸引目光的还是照片的冲击力。这是最优先考虑的因素。如果文章很有深度，那就更好了。

将照片和文章加以组合，是与互联网堪称绝配的表现方式。请务必通过有冲击力的照片和文章，尝试各种表现方式。

26 《金阁寺》

三岛由纪夫 著

说起作为小说却能淋漓尽致地体现语言之美的作品，不能不提到《金阁寺》。

昭和二十五年（1950年），金阁寺寺内有青年僧人放火，导致金阁寺被全部烧毁。这篇小说就是以此事件为主题而作。

全篇是从"我年幼时，父亲经常同我讲起金阁的事"这句话开始的。主人公听父亲说"世上再无一物美如金阁"，就怀揣着亲眼一见的梦想长大了。

后来，主人公成为金阁寺的修行僧，金阁寺在他心中成了无比庞大的存在。

接着，主人公只要一想拥抱女性，眼前就会浮现出金阁的幻影——"金阁又在那里出现了。更确切地说，是乳房变成了金阁的模样"。也就是说，金阁寺成了凌驾于现实之上的存在。

"我又一次同人生隔绝了！"我喃喃自语道，"又一次啊。金阁为什么要保护我？我又没求它，它为什么要将我同人生隔绝开？"

主人公迈着沉重的脚步，走向夜里的金阁，"有生以来头一回用近似诅咒的语气向金阁发出粗暴的呐喊"。

"总有一天我一定会制服你！总有一天我一定会将你变成我的，好叫你不能再来打扰我！"

就这样，渐被逼至走投无路的主人公终于将金阁寺一把火给烧了。

在现实中，金阁寺起火事件意味着一处伟大的文化遗产从这个世界上消失了，是令人绝望的莫大损失。

然而，三岛由纪夫用华丽的文笔创作出《金阁寺》，使得这部作品永远地在文学领域中名垂青史。我想，这就是写作的非凡之处吧。

从绝对不幸的事件当中，诞生了伟大的新艺术。

在写作过程中，三岛由纪夫想象着真实案件中的罪犯，即青年僧人的精神世界到底发生了什么，并向其中加入了自己独特的美学意识。可以说，这是一部基于超凡脱俗的想象力的奇迹般的作品。

除了《金阁寺》，三岛的小说还有众多杰作，而他的随笔也非常有趣。

尤其是《不道德教育讲座》，词锋异常犀利，读来令人失笑，毕竟写的是"朋友当然要背叛""弱者当然该欺负""请勿遵守约定""死人当然要毁谤"等主题。

三岛由纪夫是剖腹自杀的，所以他有着叫人敬而远之的一面，但我认为，他并不是那种应该敬而远之再远之的狭隘之人。

在内容上，其作品涉猎面极广，包容力很强，**最重要的是，他最大限度地开发出了语言的可能性。通过品味这些特点，我们对语言的印象无疑会变得宽广起来**，不是吗？

27 《罗生门／蜘蛛丝／杜子春》

芥川龙之介 著

对于芥川龙之介，和三岛由纪夫一样，我们要想写出与其同样的文章，是极其困难的事。**但我认为，研读真正优质的文章，对于锻炼写作能力是很有好处的。**

这部短篇集十分厚重，收录了芥川龙之介的大量代表作，所以光是读这一本书，就能在很大程度上理解芥川的过人之处。

例如，《鼻》是夏目漱石直接写信称赞的作品。漱石在信中说："这样的文章若是再写出二三十篇，你就能成为文坛独一无二的作家。"芥川看了，便决心在作家之路上继续前进。

《竹林中》和《罗生门》这两部作品，后来被黑泽明合二为一，经过改编，拍成了电影《罗生门》（剧本由黑泽明和桥本忍共同创作），获得威尼斯国际电影节金狮奖和奥斯卡金像奖荣誉奖（现在的最佳外语片奖）。可以说，它是成就了"世界的黑泽明"的作品。

芥川龙之介的作品即使用普通方法阅读，也具有很高的价值，但要想理解得更加深刻，我建议尝试两种读法。

一种读法是出声朗读。芥川作品的文风格外雅致，朗读起来真的很美。我们会发现，这种雅致正是芥川作品的一大优点。

另一种读法是与出典作品对照着读。《鼻》《芋粥》《竹林中》《地狱变》等，这些作品都是以创作于中世纪的《今昔物语集》《宇治拾遗物语》中收录的故事为原型，改写成适合的小说。

因此，读过芥川龙之介的短篇之后，不妨再读一读《今昔物语集》中的原素材。你将钦佩芥川改写成近代小说的技巧之高明。同时，你还能切实地感受到，《今昔物语集》这本书堪称有趣作品的宝库。

芥川龙之介的文风，并不容易模仿。不过，活用有趣素材，写出优秀作品的创作方式，相对还是容易掌握的。请务必尝试。

28 《富岳百景／奔跑吧！梅勒斯》

太宰治 著

太宰治是短篇名家，曾写下如《富岳百景》《奔跑吧！梅勒斯》《女生徒》《越级申诉》等大量的优秀短篇作品。

其中，我想最先介绍的是《女生徒》这部作品。

这部作品由"早晨醒来睁开眼时的心情，是很有趣的"这句话开篇，全程描述了女学生从早晨起床到晚上睡觉的一整天。

作者仿佛化身为女学生，用宛若女学生真实独白般的文风写下了这部作品。

连稍有一点小事就会发生变化的情绪，也写得格外细致。开头明明写着"有趣"，接下来却变成了"早晨不知为何，总有些扫兴"，进而又发生一连串的变化，像"早晨的我最丑了""说什么早晨有益身心，根本就是骗人的。早晨是灰色的""早晨躺在床上的我，总是厌世的""早晨真可恶""早晨总是毫无自信""每到早晨，我总是不由自主地想起那些过去的事、前人的事，它们如同腌咸萝卜的气味般弥漫在周遭，近得令人生厌。受不了"。

只要拥有这样优秀的写作能力，即便是独白的文章，也能成为优秀的文学。

接下来，我想介绍的作品是《越级申诉》。

这部作品讲述了耶稣的弟子之一、后来成为背叛者的加略人犹大对耶稣所持的爱憎各半的情绪。

这部作品的开头令人印象深刻，句子气势十足。

启禀。启禀老爷。那人太过分了。太过分了。是的。是个讨厌的家伙。是个坏人。啊。忍无可忍。不能容他活着。

文章以犹大独白的形式开始，故事由此逐渐发展，在此期间，敬爱和憎恶之情往来交替。

接着，犹大的多样情绪终于一下子爆发，耶稣和弟子们的关系逐渐呈现得一清二楚。

通过气势十足的句子，将情绪一览无余地呈现出来。这大概是因为，太宰治格外擅长通过语言俘获人心。

非常耐人寻味的是，这篇《越级申诉》是以口述笔记的形式创作的。

由太宰治口述，太宰治之妻津岛美知子记录完成。美知子在《回想的太宰治》中写道："（太宰治）像春蚕吐丝般口述全文，没有停滞，也没有改口。"在前一章，我讲过提升"说写两用能力"的重要性，而太宰治的这一能力显然很卓越。

还有很多人大概都读过的《奔跑吧！梅勒斯》，这也是一部能够品味卓越写作能力的作品。

这部作品通篇每一句话都很有效果，从开篇起就是杰作。

　　梅勒斯勃然大怒。他决意必须除掉那个奸诈暴虐的王。梅勒斯不懂政治。

这措辞简直无人能及。

我实在太喜欢这部分了，在制作由我担任综合指导的 NHK 教育频道节目《来做游戏》的纸牌时，我就把以 M 开头的句子定为"梅勒斯勃然大怒"。

所以，用那副纸牌做游戏的孩子们应该都会记住"梅勒斯勃然大怒"这句话。

在太宰治的短篇中，我尤其喜欢《招待夫人》和《眉山》。这两部作品虽是短篇，却将人性描写得细致入微。我佩服太宰治这个人真的很擅长把握人心。

以女学生独白似的文风写成的《女生徒》、以口述笔记的形式写成的《越级申诉》，还有《奔跑吧！梅勒斯》，请务必细细品味这三部作品，然后进一步提升"说写两用力"！

29 《日本文化私观——坂口安吾随笔选》

坂口安吾 著

上高中时，我曾被坂口安吾深深地迷住。他那干脆利落的说话方式，让当时的我读来觉得特别舒服。

我建议先读《日本文化私观》这部作品。这篇文章的每一句话都充满了觉悟。下面就来举几个具体的例子。

> 倘若没有足以维持威严的实质，结果只会迅速灭亡。问题不在于传统或威严，而是在于实质。
>
> 不是先有寺庙后有僧，而是先有僧人后有寺。纵然没了寺庙，良宽依然存在。如果我们需要佛教，那便是我们需要僧人，而不是需要寺庙。
>
> 老旧的事物和乏味的事物，当然不是灭亡就是脱胎换骨。

他就像这样果断干脆地展开自己的论点,**真是大胆冷静到令人惊讶**。阅读这样的主旨鲜明的文章,对于我们培养写作能力必定大有帮助。

除此之外,坂口安吾还有以《堕落论》为首的为数众多的随笔。每一部作品都很有看头,请务必一读。

30 《文章读本》

谷崎润一郎 著

这本书也是我在上高中时遇见的,我读过一次就喜欢上了,便反复读了多次。

这本书的特点在于,谷崎润一郎说**"这一读本应对的不是专业的学术性文章,而是我们平时触目皆是的普通的实用性文章"**。

也就是说,如谷崎这般文豪所写的读本,往往多是普通人很难理解的内容,就像天才运动员并不擅长用语言来解说一样。

况且一般来说,大作家本来就不会像这样仔细讲授文章的写法。

然而,谷崎的《文章读本》所写的内容,是任何人读后都能有一定收获的。因此,即使不是天才,通过实践也能掌握书中内容。

创作谷崎这样的作品并不是目的,而是作为商务人士应该有能力写出规整的文章。从这个意义上讲，该书可供参考。我还记得，自己上高中时读过这本书后，只觉得"啊，既然谷崎润一郎这么说了，那大概就是这样的吧"，老老实实地就接受了。

谷崎润一郎的文章本身非常华丽优美，但他却说，首先要关注表意简洁、内容紧凑、废话不多的文章。

31 《样样干》

查尔斯·布考斯基（Charles Bukowski）著

这是蓝领作家查尔斯·布考斯基以自己二十多岁时的经历为蓝本创作的小说。

主人公是个诗人，在邮局工作，每次和女人交往没多久就会分手，他还酗酒，整日游手好闲。所以用世俗的眼光来看，他的人生可谓一塌糊涂。可是不知为何，这部作品却能让人觉得，主人公的一生过得很好。

能够表现这部作品之魅力的场景，是主人公和女性躺在床上的对话。

"你整个都在那儿呢。""什么意思？""就是说呀，像你这样的人，我以前从没遇见过。""是吗？""其他人只有百分之十或百分之二十在，而你整个都在，全部的你都在那儿。这是很大的不同哦。""是吗？我不明白。""你很会勾引女人，有多少都能弄到手。"被她这样一说，我有些飘飘然了。

这句"整个都在那儿"的说法太有趣了。也就是说，主人公从头到脚全是在做自己，他一直在活出整个的自己。

文章给人的感觉也的确是"整个都在那儿"，讲起一些事来也毫不遮掩。作者完完全全地亮出了自己的一切。

将整个的自己完全暴露出来地活着，并把这样的自己付之笔端，就一定能写出像布考斯基这样的文章来。从这个意义上，这本书可说是写文章的一个目的地，请务必一读。

32 《畅销小说的写法》（How to write best selling fiction）
迪恩·R. 孔茨（Dean Ray Koontz）著

这是一本由畅销作家向那些以成为小说家为目标的人传授写作诀窍的书。

不想当小说家的人可能会觉得"和自己无关"，但实际上，该书中包含了许多写作时应该事先拥有的知识和思想准备，所以同样很有帮助。

总之，该书说明了想写出畅销书该怎么做，但没写任何投机取巧的花招，而是告诉我们哪条正道才是最佳捷径。

这本书从分析出版市场开始，然后介绍了有魅力的角色的设计方法、情节如何安排、动作场面的写法以及文风等作家应该事先掌握的知识。

接着，作者异常郑重地讲了一件事：要想成为成功的作家，最重要的事就是"读、读、拼命读"，以及"写、写、拼命写"。

这本《畅销小说的写法》在卷末列出了有志成为作家的人应该阅读的作家和作品清单。清单的内容十分充实，对我们也有参考价值。下面我们来简单地看一段说明部分。

> 至此，我已无数次反复说明，作家必须是好的读书家。以下是我推荐的按不同作家分类的读书指南。
>
> 以下列出的作品，如果你只读过其中的五分之一，那么你写普通大众小说几乎没希望成功。如果读过一半，你基本上已经了解了现代的娱乐小说是什么，但还需要学习。如果读过七成，而且你本人还有一定的写作才能，那么可以说，你已经具备了写出畅销小说的基础。

这本书教我们明白，要想成为职业作家，至少也得到这种程度的读书量才行。而且职业作家们每天都在思考这些事，同时还在不断地钻研、积累。因此可以说，这是一本极其宝贵的书。

33 《文盲》

雅歌塔·克里斯多夫 著

雅歌塔·克里斯多夫的自传《文盲》，篇幅真的很短小，正文只有一百来页，简直瞬间就能读完。

作者在书中阐述了语言，尤其是母语的重要性，以及能够使用语言（母语）写作有多么幸福。至于为什么用"文盲"作为标题，是因为作者由于逃亡而失去了母语，所以只能从零开始学习新的语言。

雅歌塔·克里斯多夫的母语本来是匈牙利语，可是由于她逃亡到了法国，所以只能用法语写作。

关于这方面的情形和觉悟，作者如此写道：

> 我知道，自己写法语，永远也无法像那些以法语为母语的作家一样。然而，我打算在自己力所能及的范围内做到最好。
>
> 这门语言不是我自愿选择的，而是在命运和时势的偶然安排下，它找上了我。
>
> 用法语写作，是我不得不接受的事。我认为这是一个挑战。
>
> 是的，一个文盲的挑战。

在那种环境下写作的觉悟，拥有打动人心的力量。

而且，读完这本书之后，应该再去阅读该作者所写的另一部杰作《恶童日记》，你会再次惊叹，如此精彩的作品竟是作者用非母语所写的。

《恶童日记》的文风非常简洁洗练。作者为何要采用那样的文风呢？读过这本《文盲》，你就会明白其中的理由了。

所以，请务必配套阅读这两本书。

说到法语，我想再介绍一部作品，那就是《潜水钟与蝴蝶》。

作者让‐多米尼克·鲍比是世界级时尚杂志《ELLE》的总编，可他患了不治之症，身体突然无法动，全身上下唯一能活动的只有眼球。标题里的潜水钟，就是比喻自己那无法活动的沉重躯体。

这本书是他将视线投向字母表，一个字一个字选出来写成的，后来还被拍成了电影。

阅读该书，就能体会到所谓写作就是一个字一个字的积累。这是一本精彩绝伦的书，绝对值得一读。

34 《玛雅·阿兹特克文化之旅系列》

芝崎美幸 著

我在其他书中曾介绍过芝崎美幸的《图解古埃及大全》。

本来，这里不该介绍同一个作者的书，但既然本书的主题是"写作全技术"，那就不能不提芝崎美幸的书。

那一本讲的是古埃及，这一本讲的是古代玛雅和阿兹特克。芝崎美幸的书的厉害之处在于，只要你翻开一页，就能对这一页的故事一目了然。

这是一本手写的书。

插图、漫画和文章，全部都是手写的。页码也是手写的，目录也是手写的。版面也是自己画线设计的。

正因为是手工制作，所以妙趣横生，跟阅读普通的书大有不同，会更容易接收信息。

文字所含的丰富的信息，与插图和漫画部分巧妙地组合在一起，只要翻开一页，就能获得大量的信息。

如此细致而又庞大的信息量，手难道不会患上腱鞘炎吗？手写的威力是如此巨大，能量充溢，甚至令读者不由得担心起作者来。

有一次，我看芝崎美幸出演一档电视节目，她当时用玛雅文字写出了其他出演者的名字。我大吃一惊，心想：连玛雅文字都会写，这究竟是什么人啊。

这本书中蕴含着非同寻常的能量、庞大的信息量，而且通俗易懂。

　　如此激情四溢的书，我期待能有更多的人读到它。

　　还有，我衷心希望大家能通过本书，了解到人类是可以"写"到这种程度的。

35 《君主论》

　　马基雅维利 著

　　马基雅维利的《君主论》，是易读文章中的最杰出的作品。

　　这部《君主论》本是马基雅维利为了献给君主而加以整理的文章。他之所以写这部作品，是想将它作为礼物献给美第奇家族的家主。

　　因此，这本书表达的是君主应有的状态。它在内容上已经相当出色，而我希望你留意的，是马基雅维利的目录。

　　其目录的每一条都是一句话，只读目录就能知道这一条讲的是什么，问题点又在哪里。

　　下面列举部分目录。

　　一　君主国有多少种类？是用什么方法获得的？
　　二　世袭君主国
　　三　混合君主国

四　为什么亚历山大大帝所征服的大流士王国在亚历山大死后没有背叛其后继者

五　对于占领前在各自法律下生活的城市或君主国应当怎样统治

如何？是不是非常易读，而且阅读欲望也被勾起来了吧？

实际上，不仅限于这部《君主论》，马基雅维利所写的东西都是这样的形式。光看目录就能知道，他真是一个头脑敏锐的可靠之人。

我在写论文时也曾参考这本书，琢磨如何才能让自己的文章达到光看目录就能知道内容的程度。自己一试才体会到，只有单词的目录很难领会含义，根本就是浪费。

如果你想使内容容易传达，大可以"什么什么是什么什么""什么什么为何是什么什么？"这样的定论或疑问的形式来创作目录。

仅仅如此，就能让读者明白问题的设定和作者的主张。

因此，从某种意义上讲，写好目录这件事和记好笔记几乎是一样的。

目录写好之后，内容也就随之确定了，所以写起来会非常轻松。因此，写目录是非常重要的事。

此外，由于君主很忙，用来阅读的时间也很短，所以关键是要设法让君主翻开书看一眼就想读下去。关于这一点，马基雅维利如此写道：

> 本来，我就没觉得这篇小文适合赠人。话虽如此，我坚信您能察知并欣然接受我为了确保您在短时间内明白我所学得的一切事情而献上的这个手段，它是我所能送出的最好的礼物。

实际上，只要写出这样的文章，从目录就开始下功夫，那么让君主心动的可能性是很高的。

因此，通过仔细阅读马基雅维利的《君主论》，我们能得到很多启迪，从而知道如何才能让非常忙碌的上位者阅读你的文章。

这样一来，就能在学习"写作技巧"的同时学到优秀的内容，可谓一石二鸟，所以请务必一读。

36 《查拉图斯特拉如是说》
尼采 著

我每年都会和大学生一起朗读《查拉图斯特拉如是说》，因为文章本身极具气势，十分精彩。我经常引用并朗读的部分如下：

为了你的朋友,你把自己打扮得多么漂亮也不过分。因为你对于朋友而言,应该是射向超人的一支箭,是憧憬超人的热诚。

被嫉妒之火包裹的人,最后会像蝎子一样,把毒针对准自己。

人应当拥有必须学会爱自己的健全的爱。

"这就是——生吗?"我要向死这样说,"好!那就再来一次。"

光是像这样阅读一些选出的部分,我们就会情不自禁地想:啊,这就是尼采。

在大学课堂上,我会和学生们一起朗读这篇文章,然后布置课题,让他们以尼采的《查拉图斯特拉如是说》的文风写随笔。

这样一来,他们都会写得很像尼采。尼采的文风就是这么明确。我认为,这种文风也体现了尼采的精神性。

在这本《查拉图斯特拉如是说》中,关于写作,尼采是这样说的:

在一切作品中,我独爱以血写就的东西。用血去写吧。这样一来你大概就会知道——血是精神。

理解别人的血并不是件容易的事。我憎恶懒于读书的人。

　　以血和警句写作之人,不会希望作品被人阅读,而是希望被人记住。

尼采在写文章的时候,是以"用血写作"般的高尚精神去写的。他拥有如此伟大的觉悟,所以文章才会充满力量。

关于这一点,其实只要读过《查拉图斯特拉如是说》,就能发自心底地切实感受到语言的力量。

尼采在《看哪这人》一书中说,自己用这部《查拉图斯特拉如是说》完成了送给人类的最棒的礼物。

很少有人能说出这样的话,而实际一读就会感受到,《查拉图斯特拉如是说》的确是了不起的赠礼。

这本书充满了力量,所以**请务必仔细朗读、品味**。

后　记

　　曾经，写作是一部分特殊的人才能够做到的事。
　　即使到了近代，"让非特定的多数人阅读自己写的东西"也是仅限于极小部分知识人的特权。

　　如今，随着互联网登场，任何人都能自由地写文章并面向全世界发表。
　　现在，全世界的人都能双向、对等地"写作"。
　　可以说，**这是写作这一行为已经免受权力垄断，真正变为民众之物**。

　　这是天翻地覆般的变化。毫不夸张地说，这是权力在人类文明史上的首次扩大和获得。
　　在我二十多岁的时候，没有什么手段面向世界直接发表自己的想法，即使写论文，平均读者人数也只有两个而已。这就是当时的现实。我知道，就算自己拼命去写，也没几个人会读。

此外，我还和朋友们出版过杂志，却也不过发给二十来个人就结束了。

只能在没有读者或是只有十几、二十个人会读的环境下写作，这就是我二十多岁的那个时代。

如今有了互联网，叫人不禁生出"如果当初能在互联网上发表那篇文章，该多有充实感啊，肯定会有许多深有共鸣的人回应我"的感慨。在经历过那个时代的我看来，如今这个能向全世界发表自己看法的时代，真的是划时代的进步。

若能向全世界发表自己的文章，唤起其他人的共鸣，这不就是自己活着的证明吗？希望大家能好好利用这个新时代，掌握足以表达自己的能力。

通过使"读""写""说"和"听"联动，你能体会到强烈的充实感，还能通过写作与对方建立起人际关系，而且写作也将由此变得不再辛苦。

这样一来，你就能强烈地感受到自己作为商务人士的价值有所提升。这不仅能满足自己的表现欲，同时还能证明自己的存在。

难得遇到这么好的机会，如果写的内容过于平庸，那就太浪费了，也会令人深感空虚。

当然，我不是叫你去写很深奥的文章。写作主题既可以是某本书的读后感，也可以是一部电影的观后感，这都没问题，不必多么高尚。不过，我希望文章要有原创性和高品质。

请把写作当成锻炼思考能力的修行坚持下去。思考能力会通过写作得到锻炼，写作能力也会通过思考得到提升。就是这样的感觉。

长此以往，你的文章力就能得到磨炼，同时还能养成"人格力"。

通过使"读""写""说""听"联动，人就能一直进步。在商务领域，这将发挥出极大的效果。

而且，这样做的效果还将超越商务领域，使自己的人生变得更加充实。

我也会继续写作，笔耕不辍，尽力让这个世界变得更宽广。同时，我还会通过写作构筑人际关系，度过充满新发现的人生。

出版后记

　　写邮件、提交企划方案、工作报告……在当今的职场中，经常会有需要写作的场合。在职场中，出色的写作能力一定会为你的职业生涯带来成功。而许多人在准备"动笔"的一瞬间却会觉得"写不出来""不知道应该如何开始"。其实，只要掌握了基础的写作技巧，任何人都能写出优秀的商务文书。

　　本书作者斋藤孝，是日本明治大学的教授，也是一位知名的教育学者。他曾出版过很多有关阅读和写作方面的书籍，在写作这一方面，也有着独到的见解。他认为商务人士应该有意识地掌握系统的写作方法，提升写作能力，这样才能在工作中获取更大的成果。这一点从本书中也可以体现出来。除此之外，他也发表了诸多有关读书、教育学方面的著作。

　　在本书中，作者总结了累积多年的写作技巧，从最基础的写作框架到高手必须掌握的进阶写作技巧，告诉大家如何快速提升写作能力，写出理解本质且恰到好处的文章。在此基础上，作者还提出了让"读""写""说"这三种技巧联动，成为能够驾驭综合语言能力的高手。同时，针对一些常见商务文书的类别，作者也一一做出了详尽的解说。

相信读过这本书的各位读者，一定可以在短期内迅速成为商务写作的高手，在职场中获得飞跃性的发展。

服务热线：133-6631-2326　188-1142-1266

读者信箱：reader@hinabook.com

后浪出版公司
2018 年 7 月

图书在版编目（CIP）数据

写作全技术 /（日）斋藤孝著；程亮译. -- 南昌：江西人民出版社，2018.12
ISBN 978-7-210-10927-3

Ⅰ. ①写… Ⅱ. ①斋… ②程… Ⅲ. ①写作—方法 Ⅳ. ①H052

中国版本图书馆 CIP 数据核字 (2018) 第 258454 号

OTONA NO TAME NO KAKU ZENGIJUTSU
© 2016 by Takashi Saito
First published in Japan in 2016 by KADOKAWA CORPORATION, Tokyo.
Simplified Chinese translation rights arranged with KADOKAWA CORPORATION, Tokyo
Through BARDON-CHINESE MEDIA AGENCY.

本简体中文版版权归属于银杏树下（北京）图书有限责任公司。

版权登记号：14-2018-0366

写作全技术

作者：[日]斋藤孝　译者：程亮

责任编辑：冯雪松　　特约编辑：李雪梅　　筹划出版：银杏树下
出版统筹：吴兴元　　营销推广：ONEBOOK　　装帧制造：墨白空间
出版发行：江西人民出版社　　印刷：北京天宇万达印刷有限公司
889 毫米 × 1194 毫米　1/32　9 印张　字数 167 千字
2018 年 12 月第 1 版　2018 年 12 月第 1 次印刷
ISBN 978-7-210-10927-3
定价：42.00 元
赣版权登字 -01-2018-892

后浪出版咨询（北京）有限责任公司常年法律顾问：北京大成律师事务所
周天晖 copyright@hinabook.com

未经许可，不得以任何方式复制或抄袭本书部分或全部内容
版权所有，侵权必究
如有质量问题，请寄回印厂调换。联系电话：010-64010019

《学会学习》

著　　者：［日］斋藤孝
译　　者：张祎诺
书　　号：978-7-210-08170-8
出版时间：2016.03
定　　价：32.00 元

好方法比努力更重要
从个性出发
找到学习的制胜关键

　　有人早上念书头脑最清晰，有人晚上背单词效果最好；有人闭关，有人在咖啡厅；有人躺着读，有人要大家一起读。你适合哪一种学习法？在本书中，作者既总结了十六位杰出人物的学习方法，又分享了作者自身的学习技巧。旨在为找不到适合自己学习方法的读者提供启示。

　　发现特洛伊遗址的谢里曼，凭借自身独特的外语学习方法，阅读大量原文古籍，从而推测出特洛伊遗址的可能地点。日本畅销作家村上春树，用长跑的方式打造强健体魄，长期坚持小说家的职业生涯，接连写出畅销书籍，等等。他们在人生中也曾遇到过关键性的转折点，使他们成功转变就是其独特的学习方法。

　　在这些学习方法中，你一定可以找到适合自身情况、能够长期坚持的方法。亦可在作者的基础上推陈出新，打造出属于自己的学习法则。

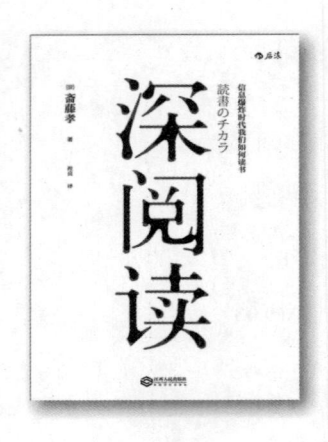

《深阅读》

著　　者：［日］斋藤孝

译　　者：程亮

书　　号：978-7-210-08558-4

出版时间：2016.09

定　　价：36.00元

网络让我们漂流在信息海洋的表面
而阅读带我们向下深潜，汲取深藏水底的精神清流

在当今这样快节奏的时代，读书稍显老套，但我们确实无法忍受没有书的人生。读书到底有什么意义？这个问题乍看简单，实则难以回答。本书作者认为人类的思想早已达到极其深澈的程度，犹如地层深处流淌着的清流，唯有通过读书掌握了"深潜能力"，才能找到地底珍贵的宝藏。

本书主要从根本上阐述"读书"的意义，更有作者力荐的创新性读书方法。透过本书的字里行间，我们细细感受作者阐述"读书"的力量，找回生而为人最宝贵的财富。希望本书能带给你更好的阅读体验。